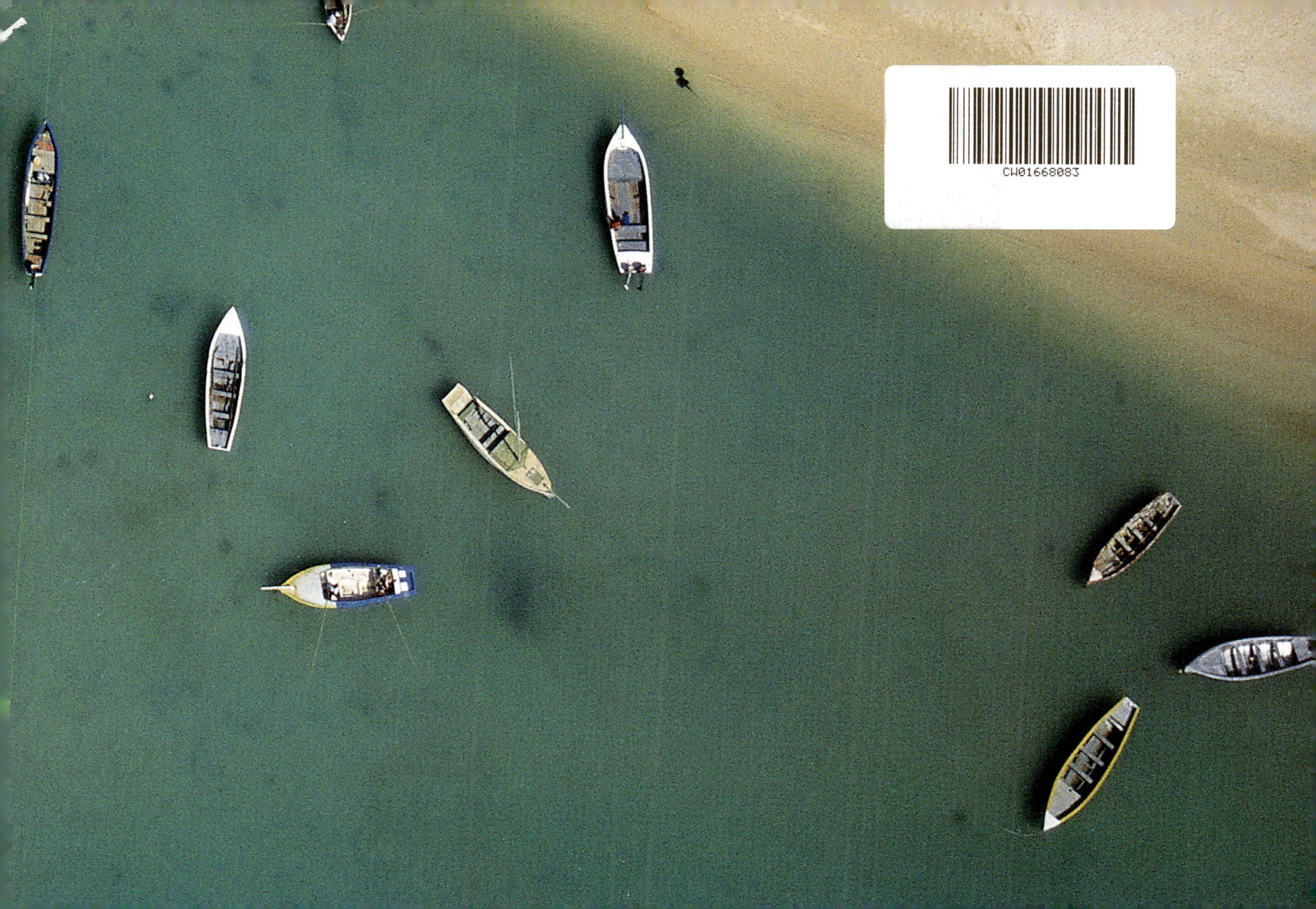

MAURITIUS

A VISUAL SOUVENIR

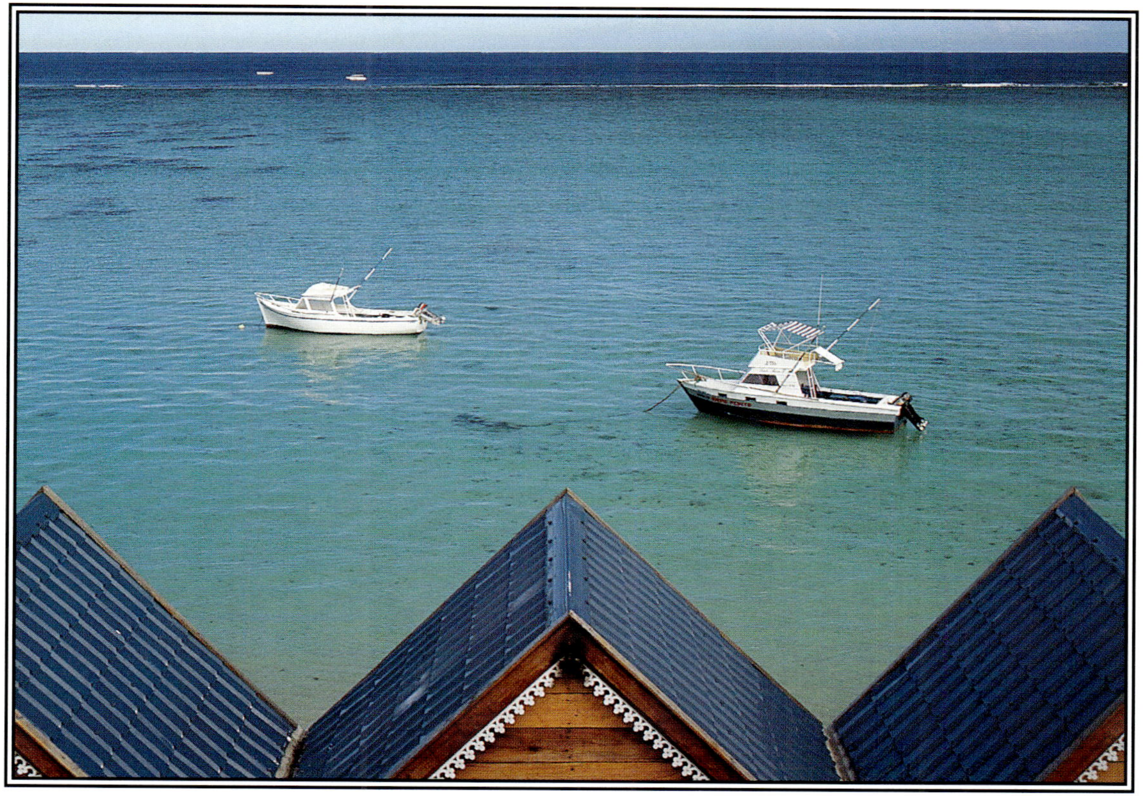

Struik Publishers (Pty) Ltd
(a member of Struik New Holland Publishing (Pty) Ltd)
80 McKenzie Street, Cape Town 8001
Reg. No.: 54/00965/07

ISBN 1 86872 275 9

First published in 1999

Managing editor: Annlerie van Rooyen
Design manager: Janice Evans
Designer: Sonia Hedenskog de Villiers
Text: Glynne Newlands
French translator: Cécile Spottiswoode
German translator: Friedel Herrmann

Reproduction: Hirt & Carter Cape (Pty) Ltd
Printing: Tien Wah Press (Pte) Limited, Singapore

2 4 6 8 10 9 7 5 3 1

Le Morne peninsula and Le Morne Brabant (front cover). Sega *dancing (spine). The beach at Grand Baie (back cover). Pearle Beach Hotel at Flic en Flac (title page). Baie du Cap river valley (right).*

Le Morne et Le Morne Brabant (couverture recto). La Sega, danse locale (dos). La plage de Grand Baie (couverture verso). L'hôtel Pearle Beach à Flic en Flac (page de titre). La vallée de la Baie du Cap (à droite).

Le Morne, die Halbinsel mit dem Le Morne Brabant (Umschlag). Segatanz (Buchrücken). Strand bei Grand Baie (Rückumschlag). Pearle Beach Hotel bei Flic en Flac (Titelseite). Baie du Cap Flußtal (rechts).

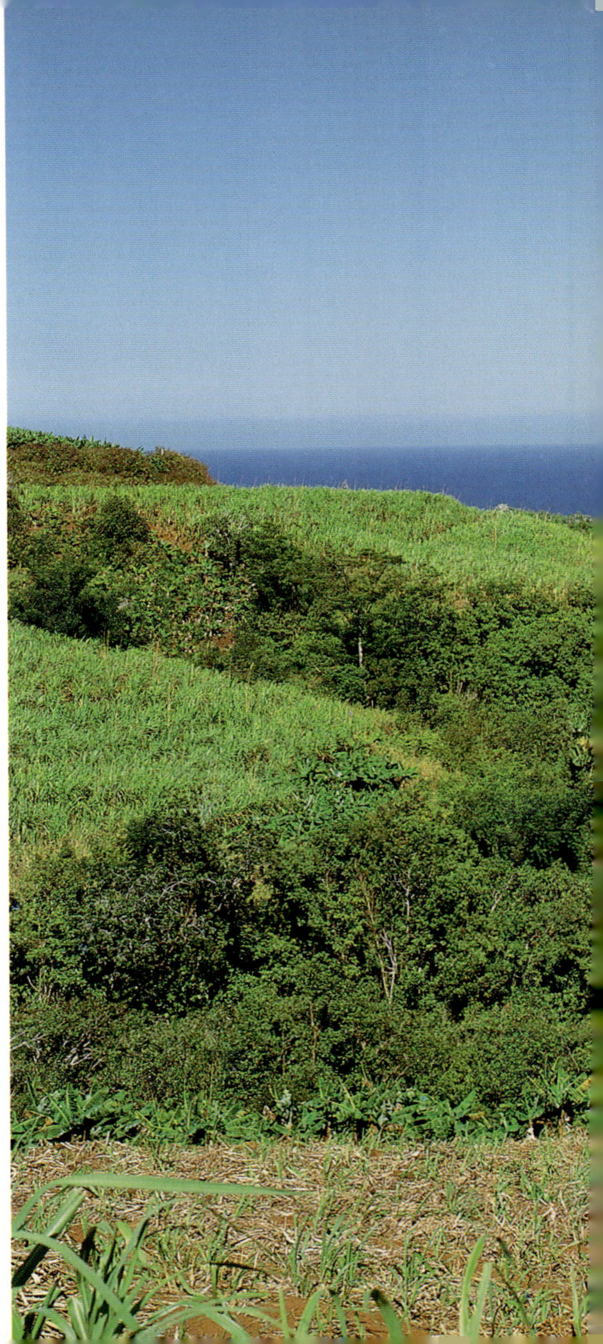

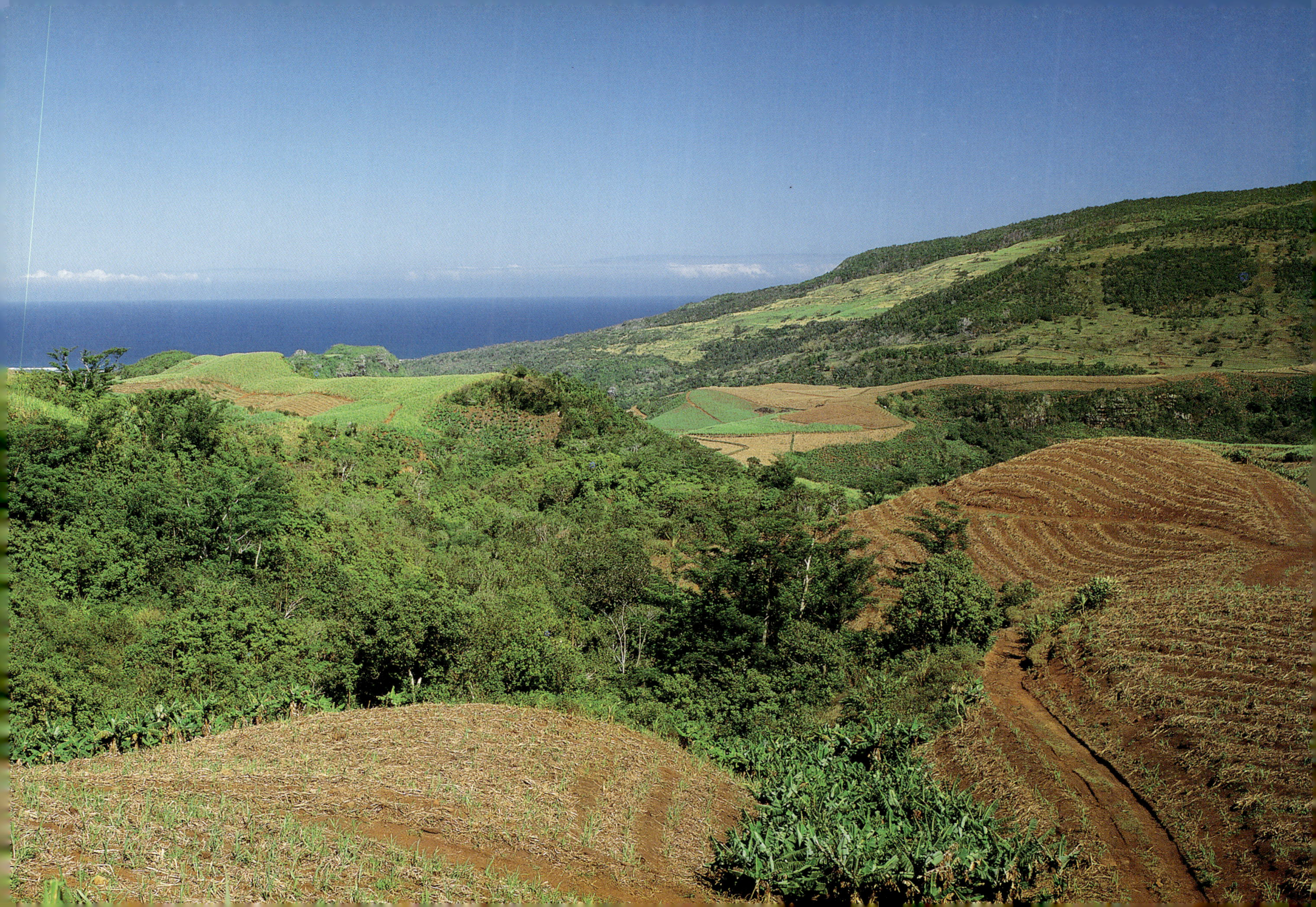

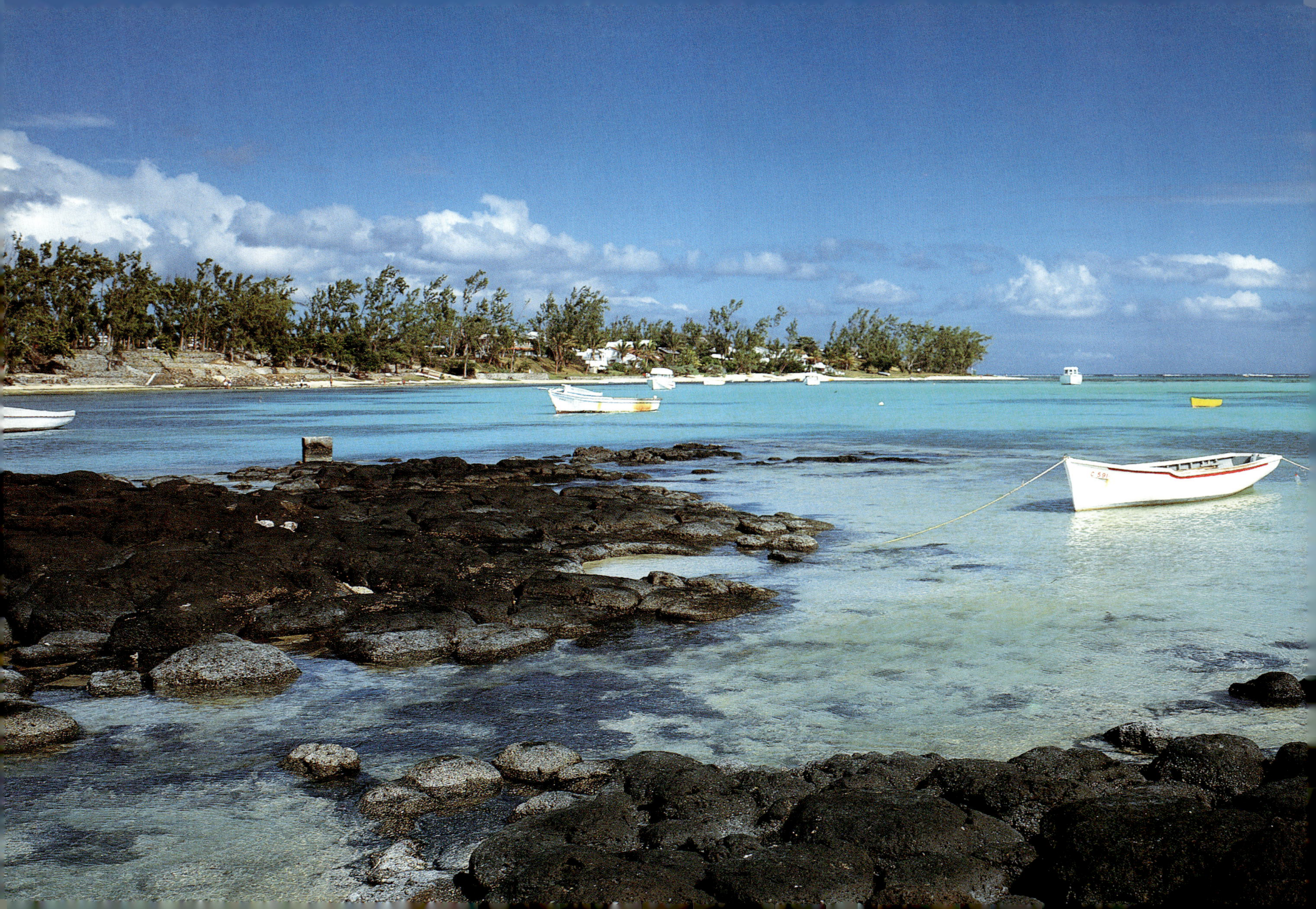

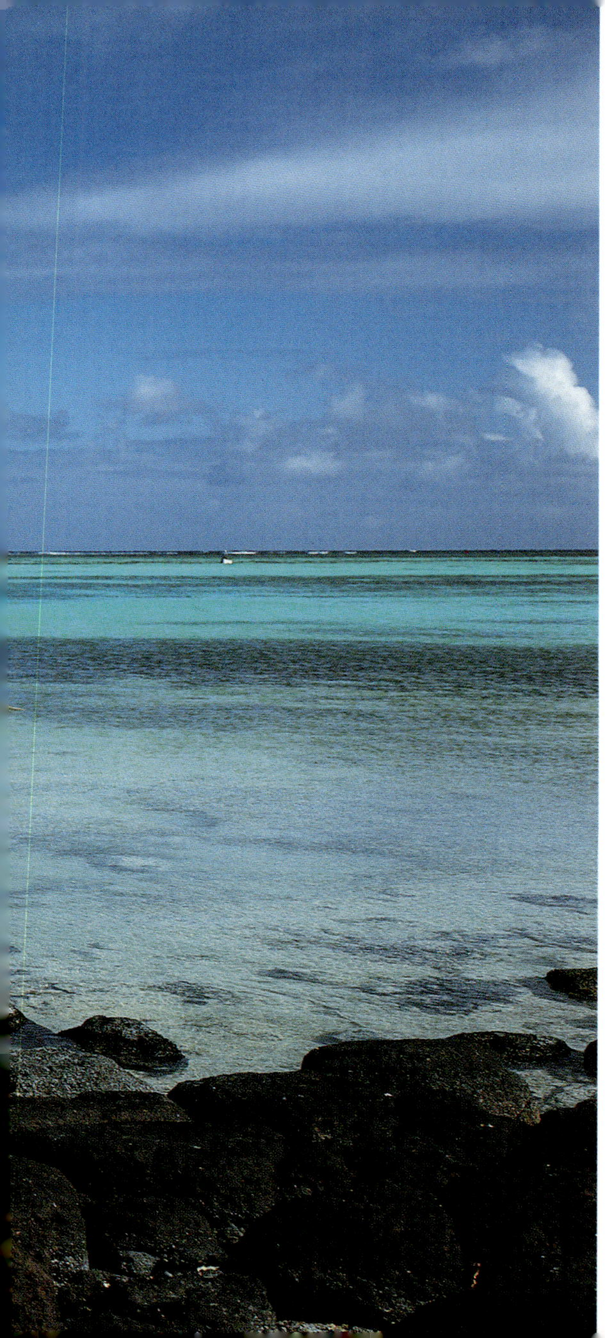

INTRODUCTION

Set in the sparkling waters of the Indian Ocean, the small island of Mauritius is an ideal holiday destination. Its pristine palm-fringed beaches, fascinating blend of cultures, lush fields of sugar cane, rugged mountains and fascinating marine life are but a few of the attractions of this romantic tropical paradise.

INTRODUCTION

Sise dans les eaux cristallines de l'océan Indien, l'île Maurice est un lieu de vacances idéal. C'est un véritable paradis tropical et romantique avec de multiples attraits: des plages de sable fin bordées de palmiers, un mélange fascinant de cultures, des champs luxuriants de canne à sucre, des montagnes escarpées et une riche faune aquatique.

EINFÜHRUNG

Die kleine Insel Mauritius wird vom Indischen Ozean umspült und ist ein wahres Ferienparadies. Die makellosen, palmenumsäumten Sandstrände und der faszinierende Potpourri der Kulturen, die grünen Zuckerrohrfelder, die zerklüftete Bergwelt und das abwechslungsreiche Meeresleben sind nur einige der Attraktionen dieser romantischen Tropeninsel.

One of Péreybère's tranquil bays (left), situated on the northern tip of the island.

A view of Port Louis (pages 6–7), the capital city of Mauritius.

L'une des baies tranquilles de Péreybère (à gauche), située au nord de l'île.

Une vue de Port Louis (pages 6–7), la capitale de Maurice.

Eine der verträumten Buchten von Péreybère (links) an der Nordspitze der Insel.

Blick auf Port Louis (Seite 6–7), die Hauptstadt von Mauritius.

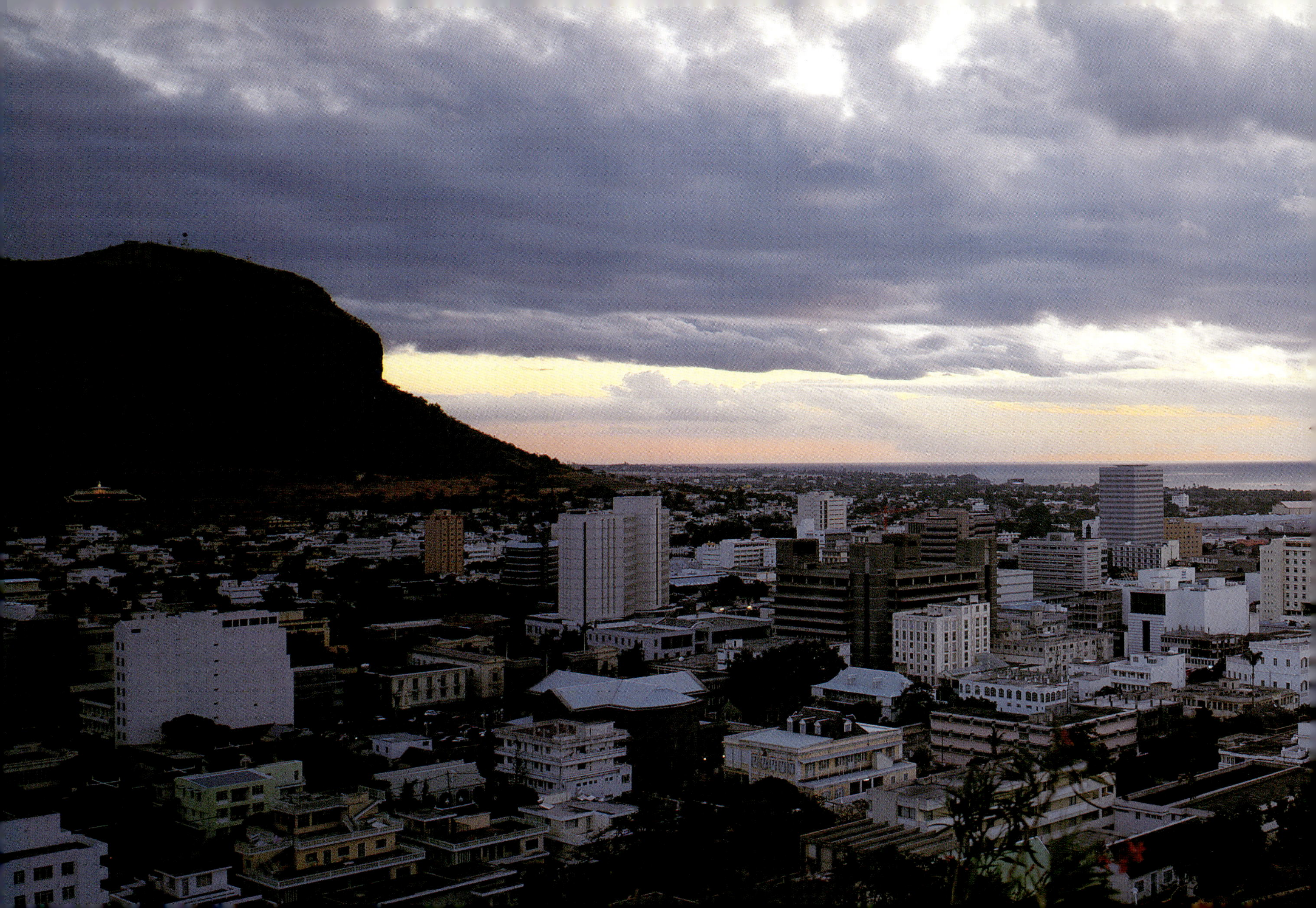

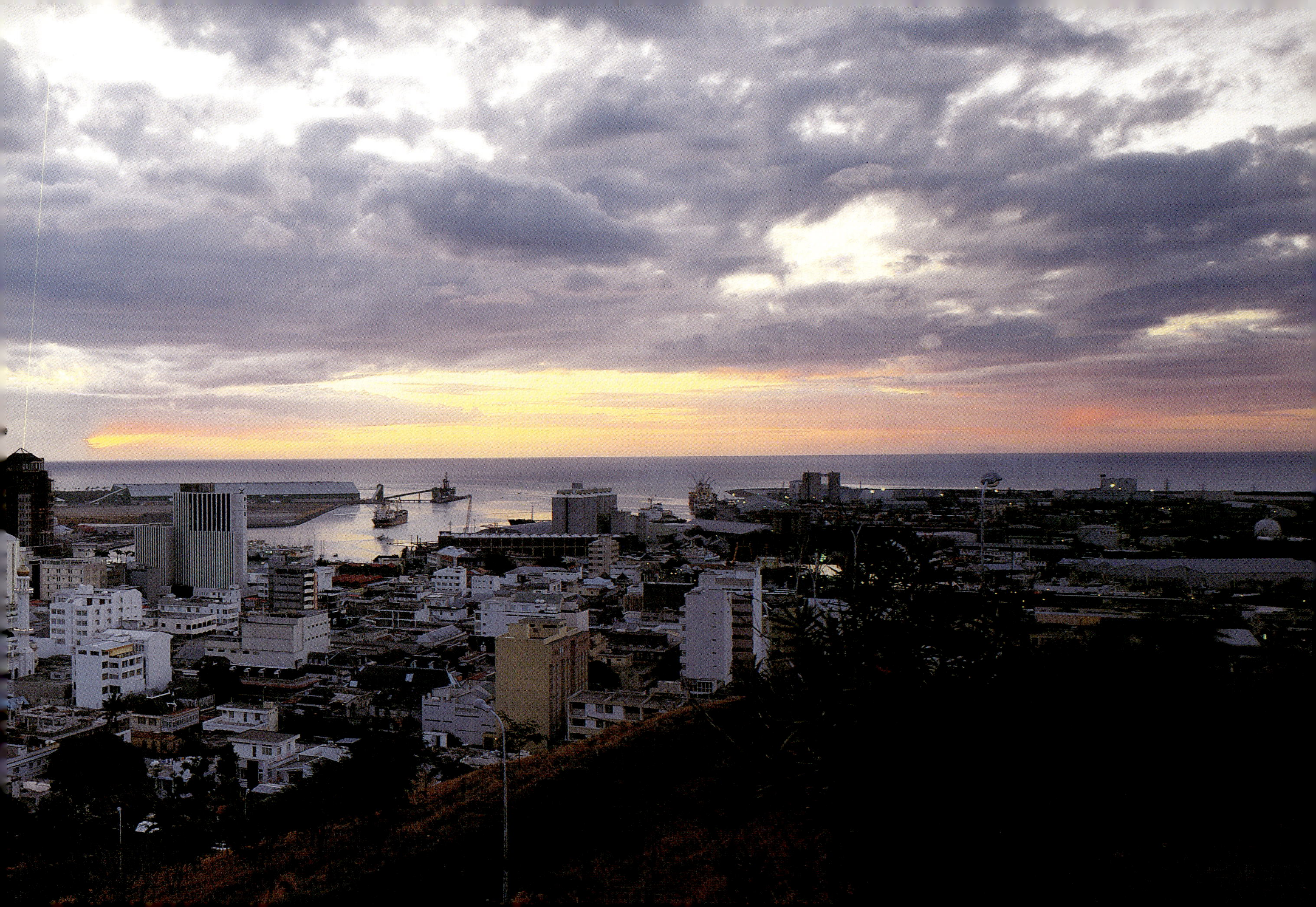

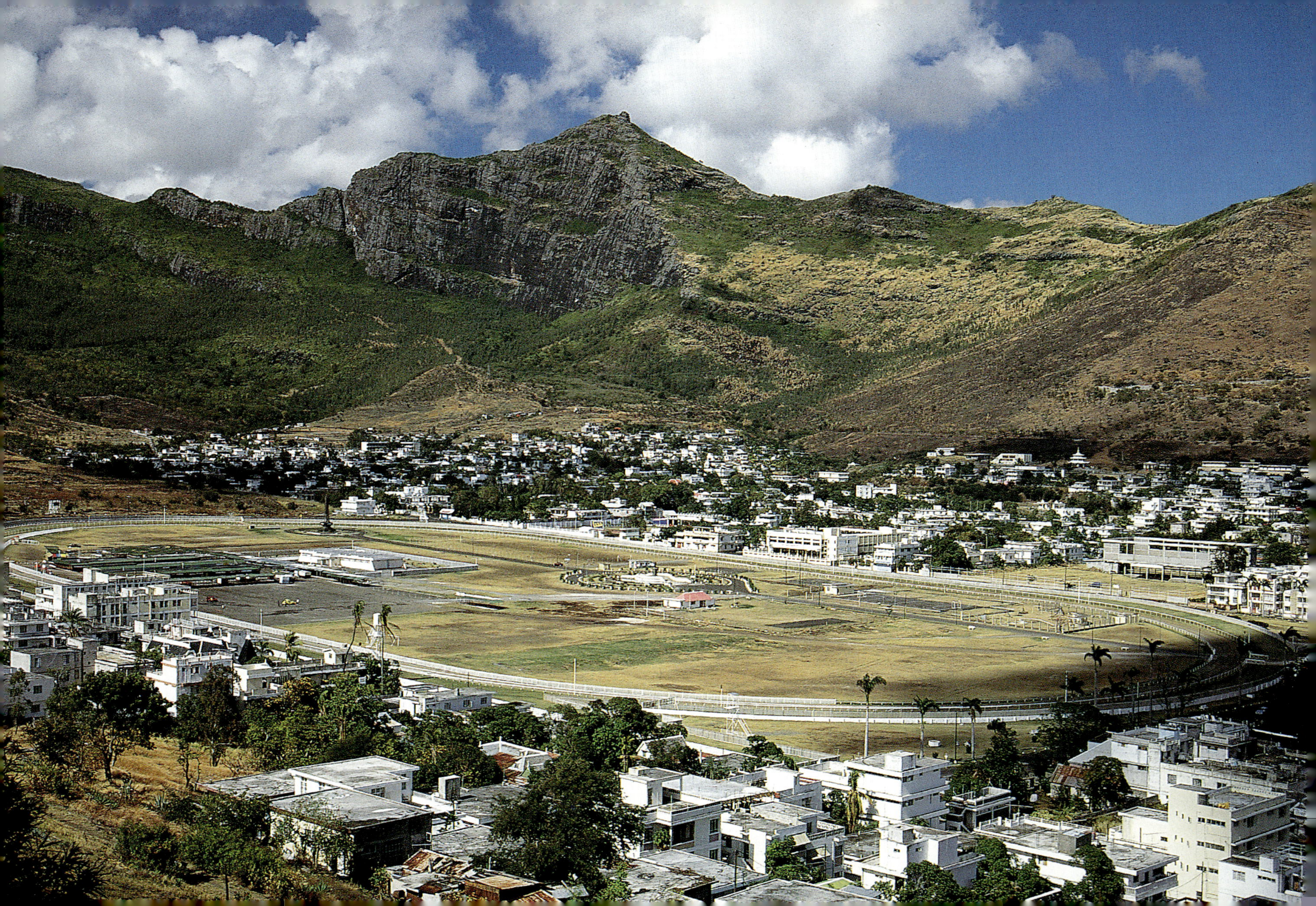

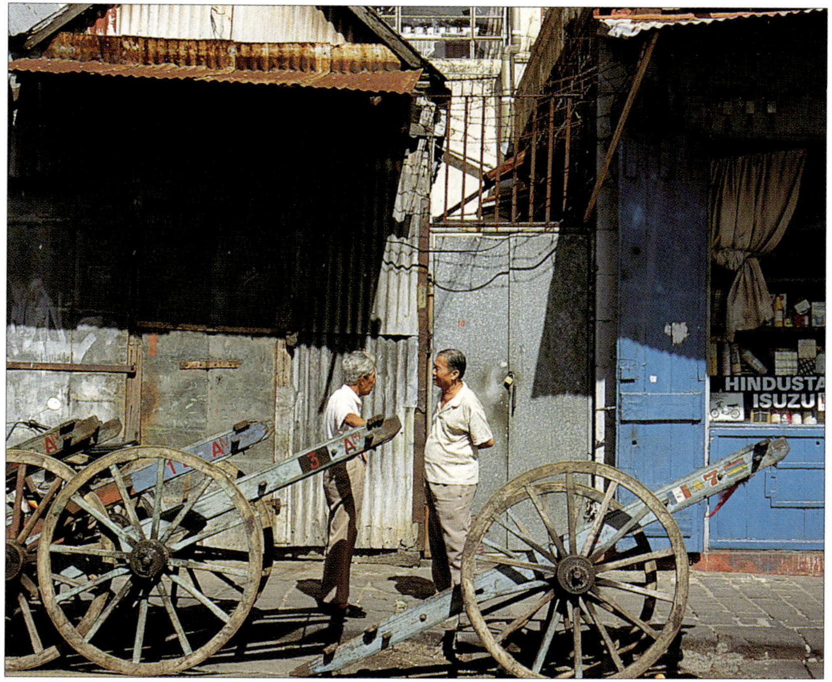

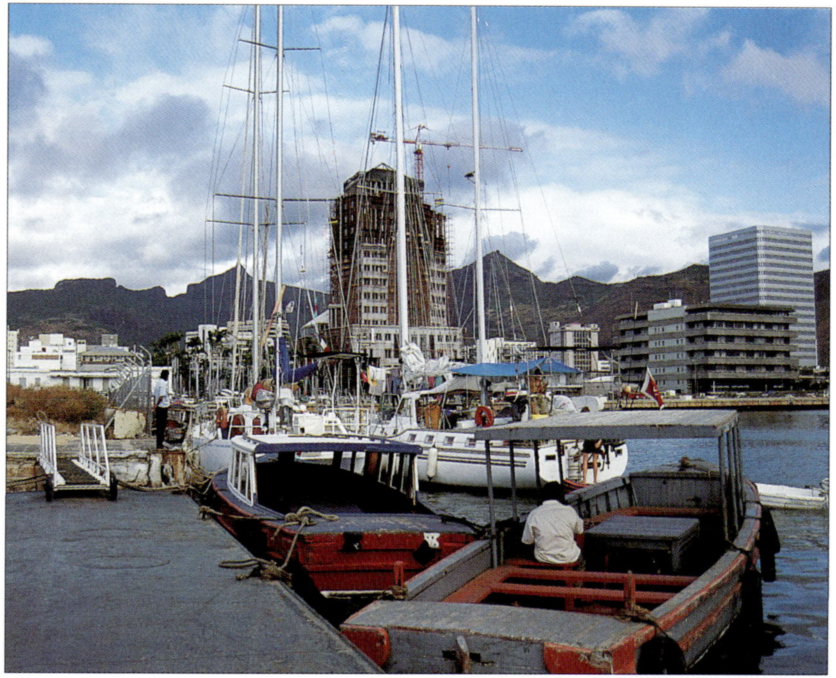

On the outskirts of Port Louis lies the Champ de Mars racecourse (opposite), sheltered by the Moka mountains.
Port Louis is the commerical centre of the island and its harbour (top right) is a hive of activity. In the heart of the city is the Chinese quarter (above), which caters for the needs of the large Sino-Mauritian population.

Situé à l'extérieur de Port Louis l'hippodrome du Champ de Mars (ci-contre), abrité par les montagnes Moka.
Port Louis est le centre économique de l'île, et son port (en haut à droite) est très actif. Au coeur de la ville le quartier chinois (ci-dessus) répond aux besoins d'une importante population sino-mauricienne.

Am Stadtrand von Port Louis liegt die Rennbahn Champ de Mars (umseitig) im Schutze der Mokaberge.
Port Louis ist das Handelszentrum der Insel; im Hafen (oben links) herrscht geschäftiges Treiben. Im Herzen der Stadt ist das Chinesenviertel (oben), das den Bedürfnissen der Mauritianer chinesischer Abstammung gerecht wird.

As dusk falls, the shrine of Père Laval (right), a 19th-century missionary to the island, is illuminated above Port Louis.

A la tombée du jour l'oratoire du Père Laval (à droite), un missionaire de l'île au 19ème siècle, est illuminé au-dessus de Port-Louis.

Das Licht der einbrechenden Dämmerung beleuchtet den Schrein von Père Laval (rechts), einem Missionar des 19. Jahrhunderts.

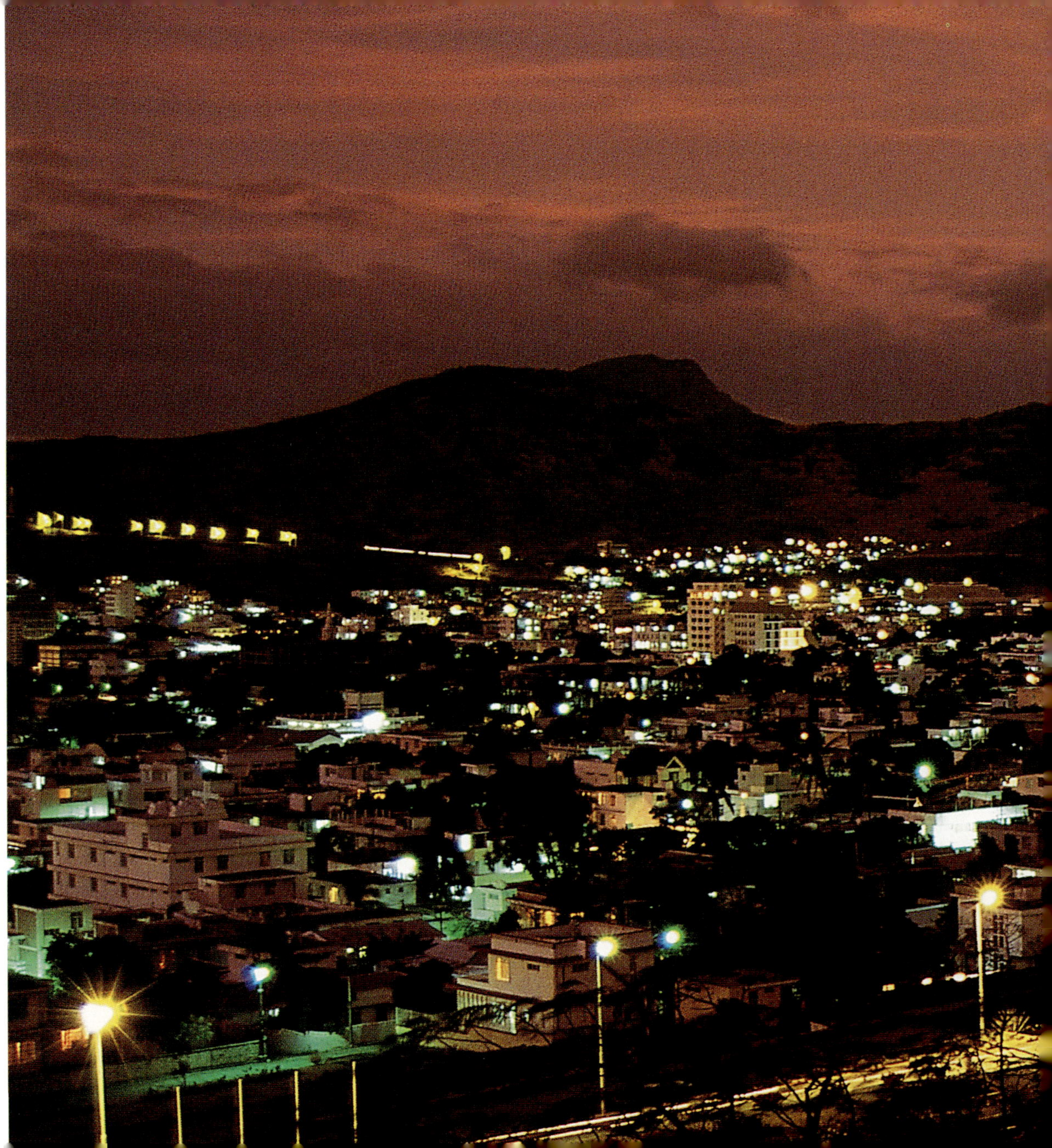

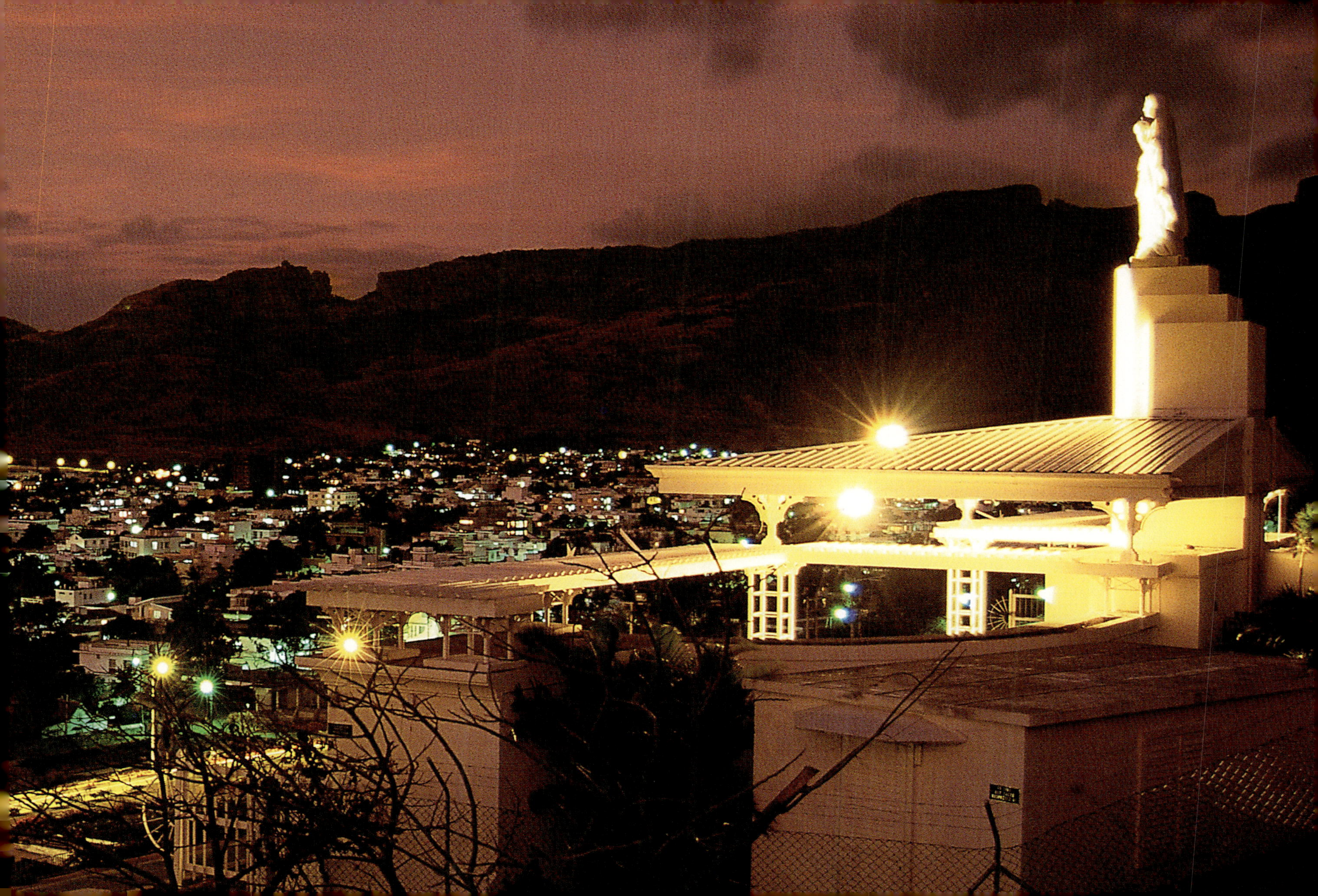

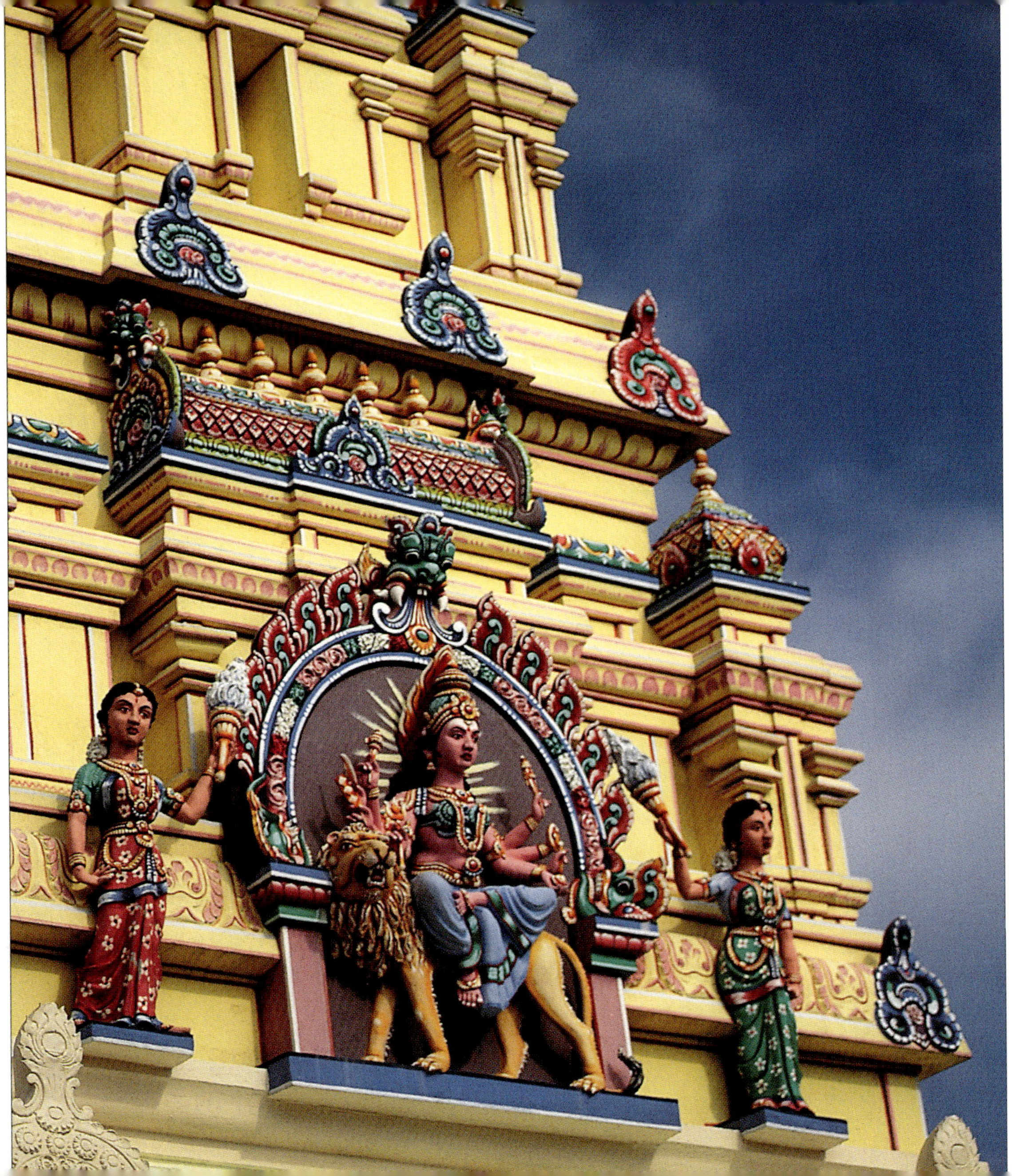

Mauritius is a comfortable blend of many different traditions and religions. This Tamil temple (left) and Chinese pagoda (opposite) are both located in Port Louis.

Maurice est une véritable mosaïque de religions et de traditions variées. Ce temple tamil (à gauche) et cette pagode chinoise (ci-contre) se trouvent à Port Louis.

In Mauritius besteht ein harmonisches Verschmelzen von unterschiedlichen Überliefe-rungen und Religionen. Dieser Tamilentempel (links) und die chinesische Pagode (umseitig) stehen beide in Port Louis.

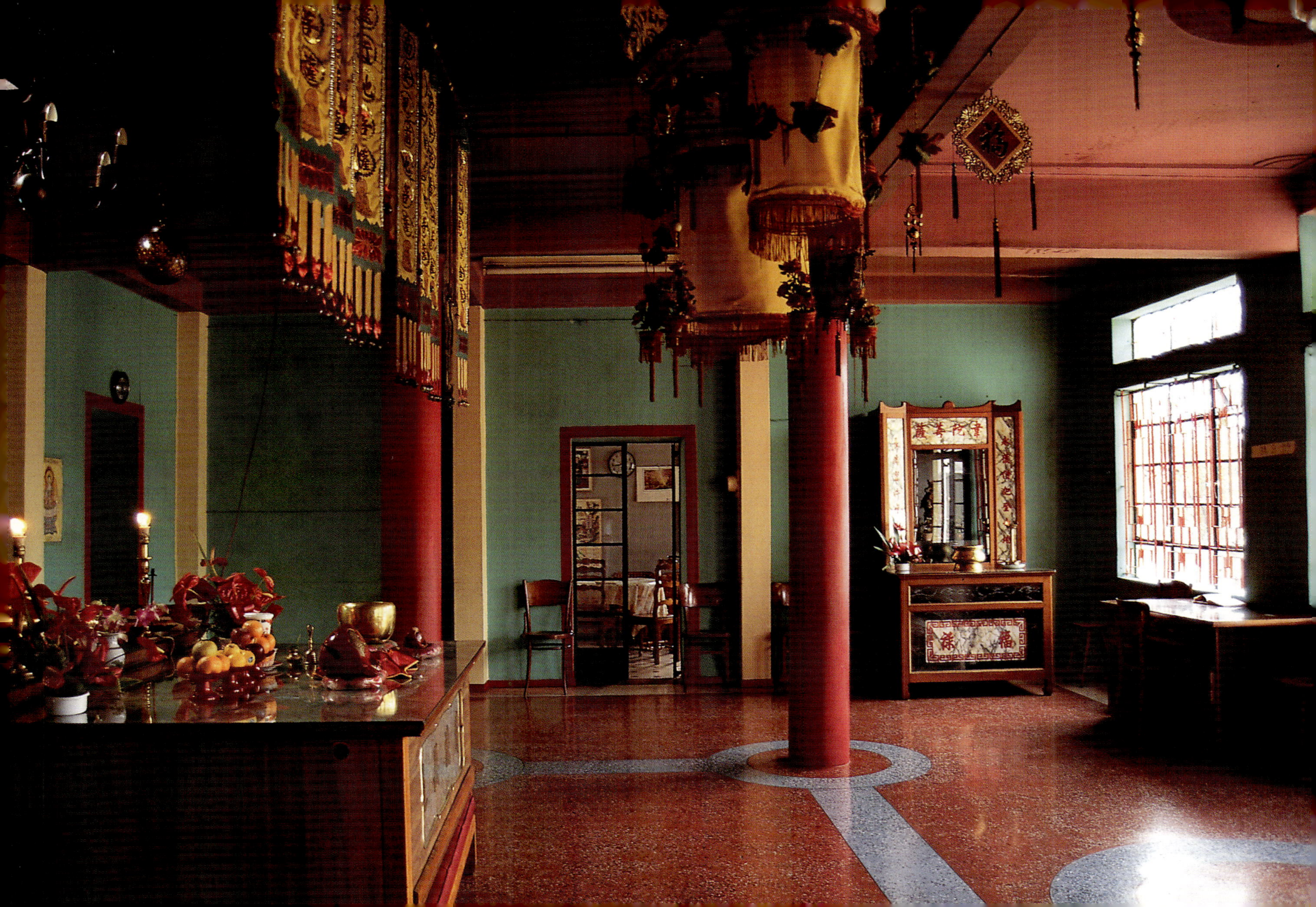

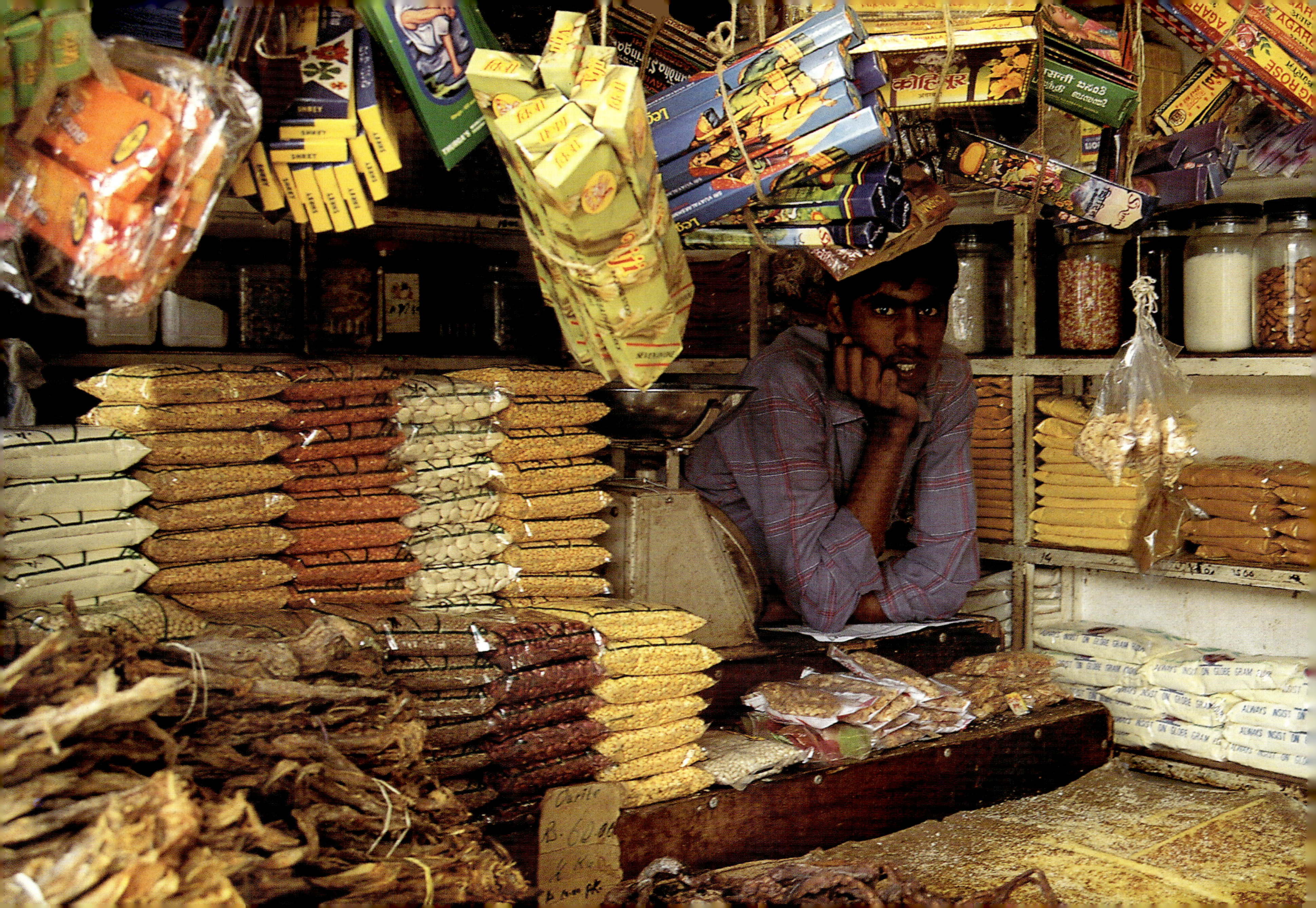

Port Louis' lively central market attracts locals and tourists alike. Exotic spices (opposite) and fruit (right) add to the intoxicating mix of aromas, tastes and colours.

Le pittoresque marché de Port Louis attire tout à la fois les locaux et les touristes. Les riches épices (ci-contre) et les fruits exotiques (à droite) créent un mélange enivrant d'arômes, de saveurs et de couleurs.

Der quirlige Markt von St. Louis zieht Einheimische und Touristen an. Exotische Gewürze (umseitig) und Früchte (rechts) tragen bei zu dem betörenden Gemisch aus Düften, Geschmacksnoten und Farben.

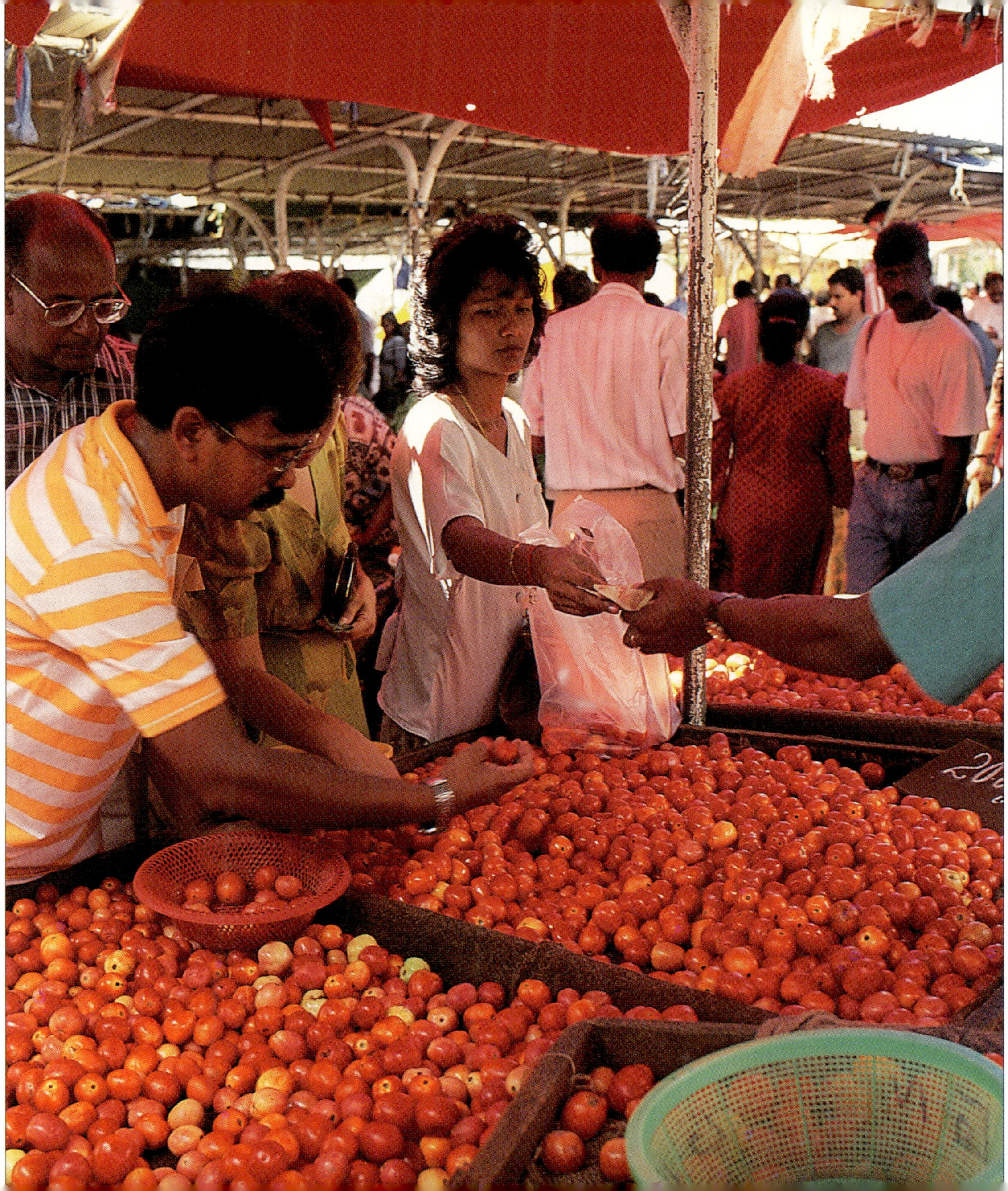

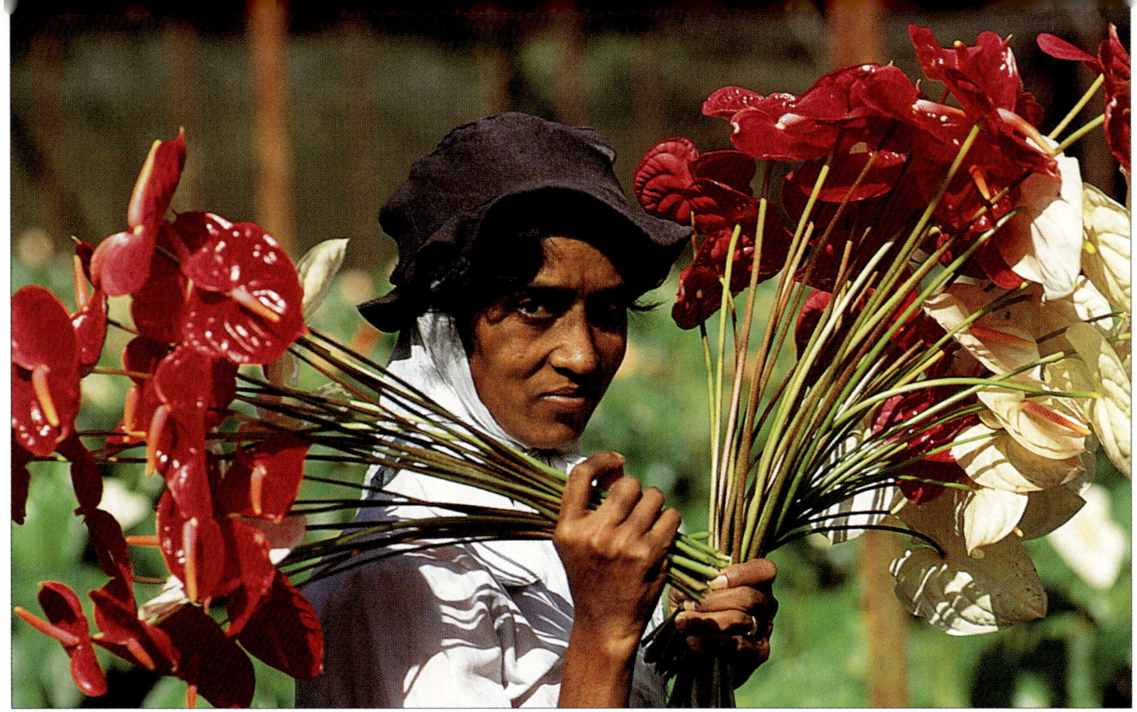

At sidewalk stalls and in the markets of Mauritius, dazzling displays of anthuriums (above) and assorted metalware (right) are commonly seen.

Sur les étals le long des trottoirs et dans les marchés de Maurice, on peut voir de magnifiques bouquets d'anthuriums (ci-dessus) et toutes sortes d'objets en métal (à droite).

An Straßenständen und auf den Märkten von Mauritius sieht man häufig schöne Anthuriensträuße (oben) und Metallarbeiten (rechts).

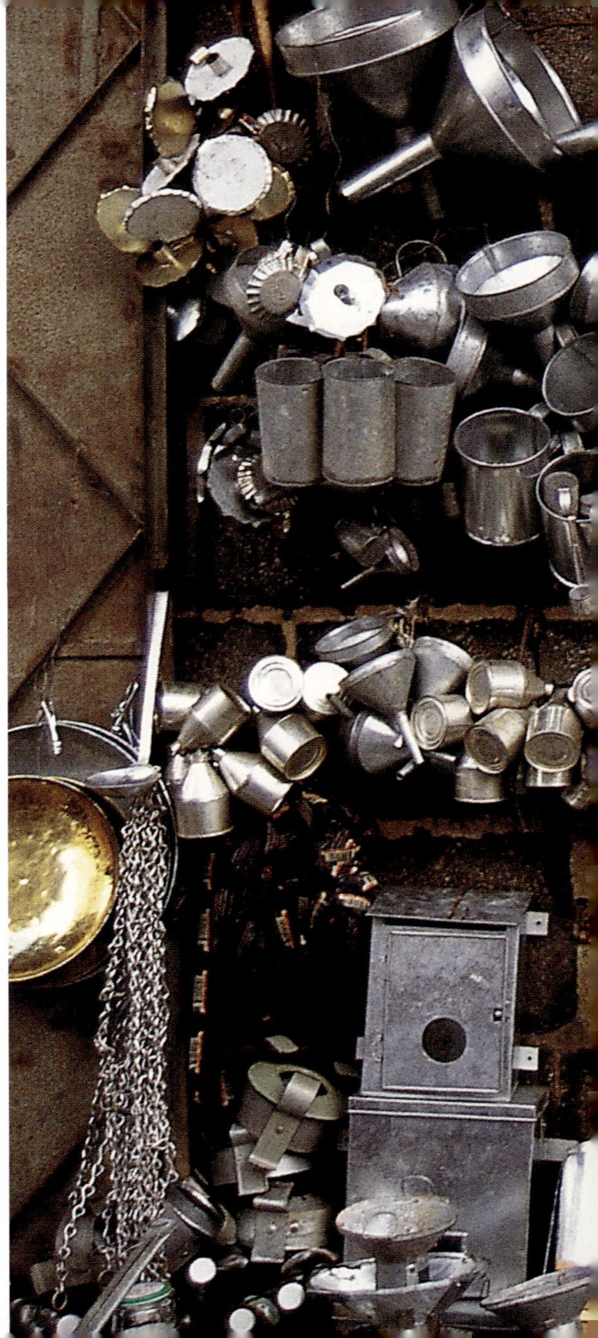

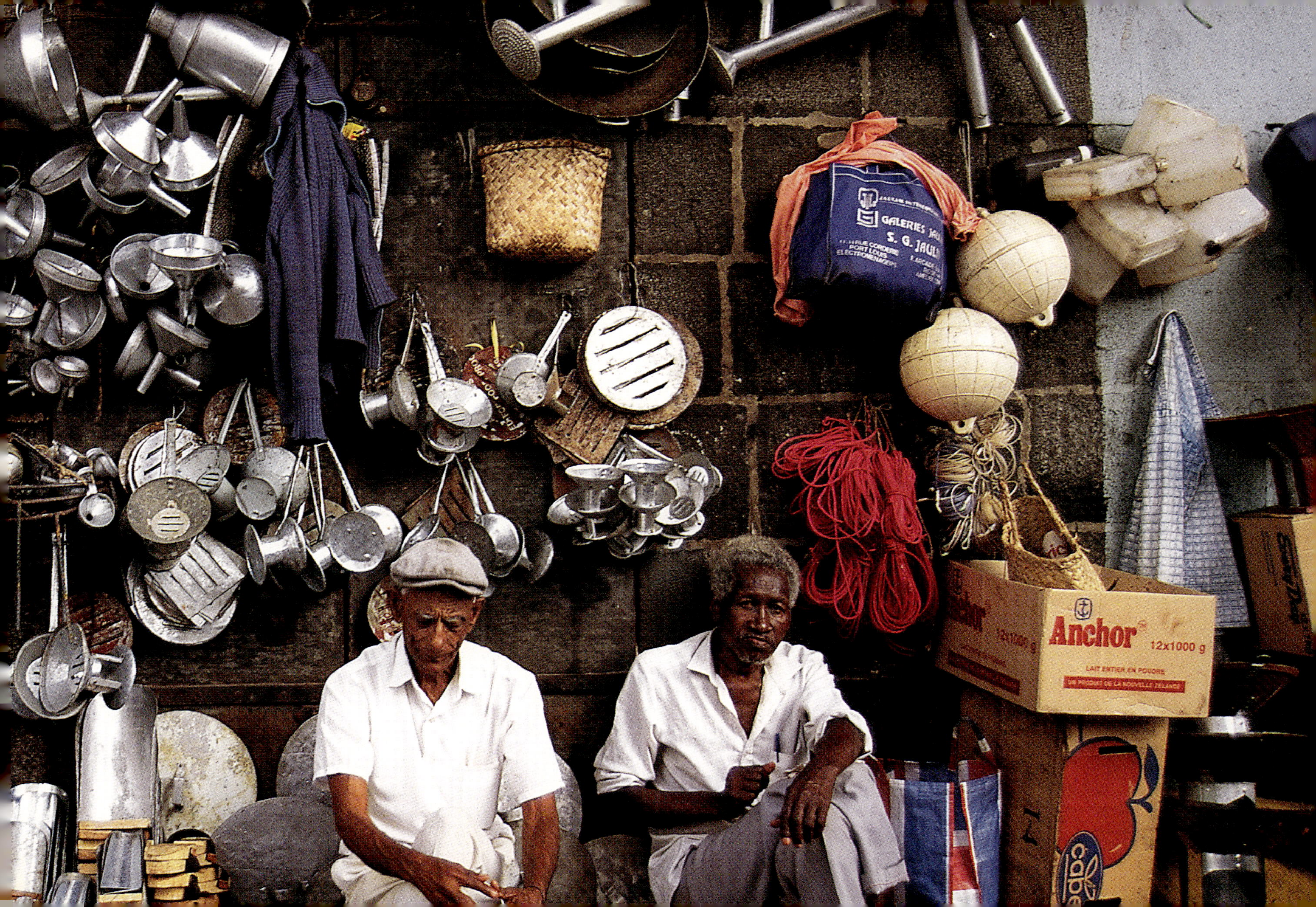
Anchor
12x1000 g
LAIT ENTIER EN POUDRE
UN PRODUIT DE LA NOUVELLE ZELANDE

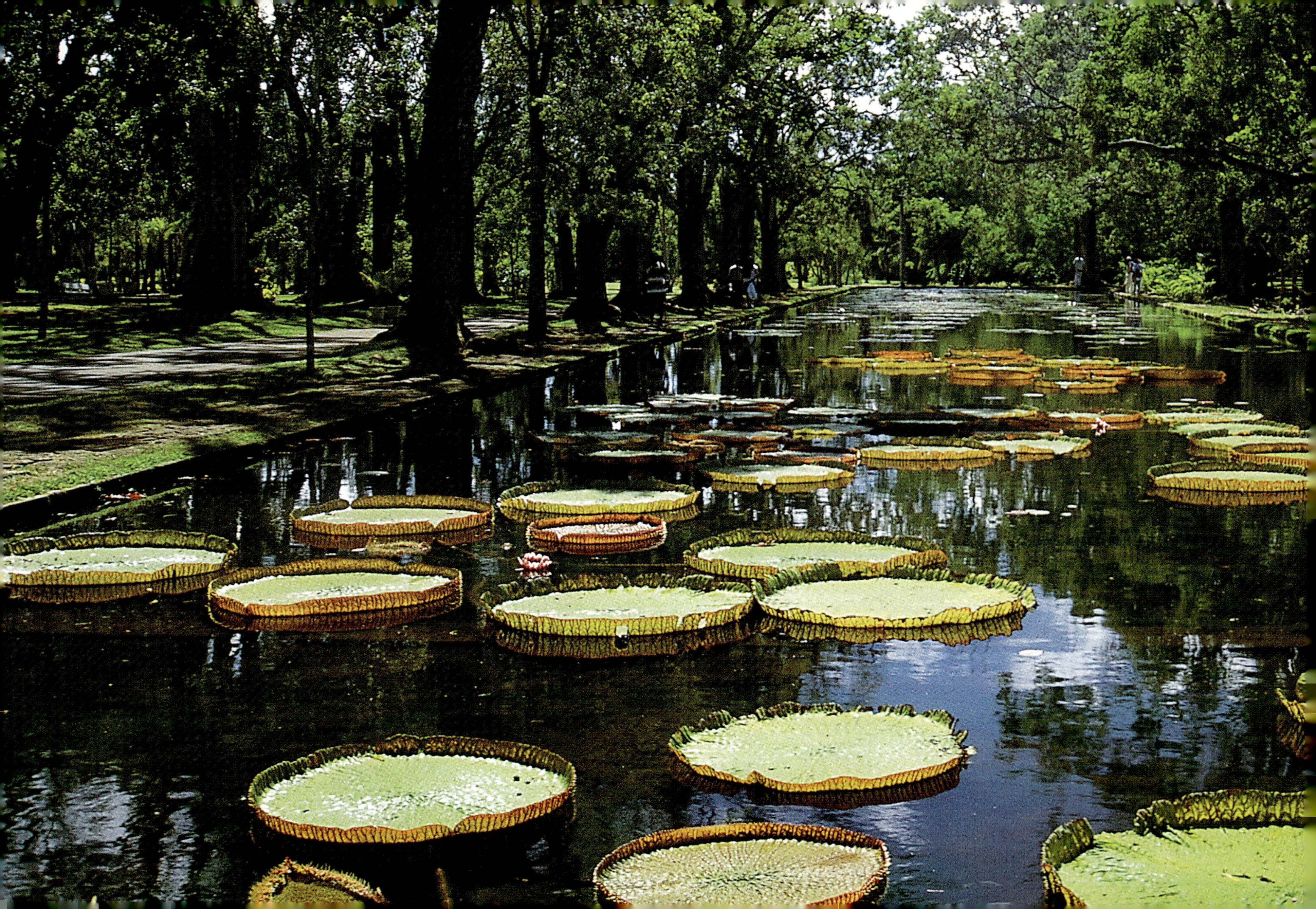

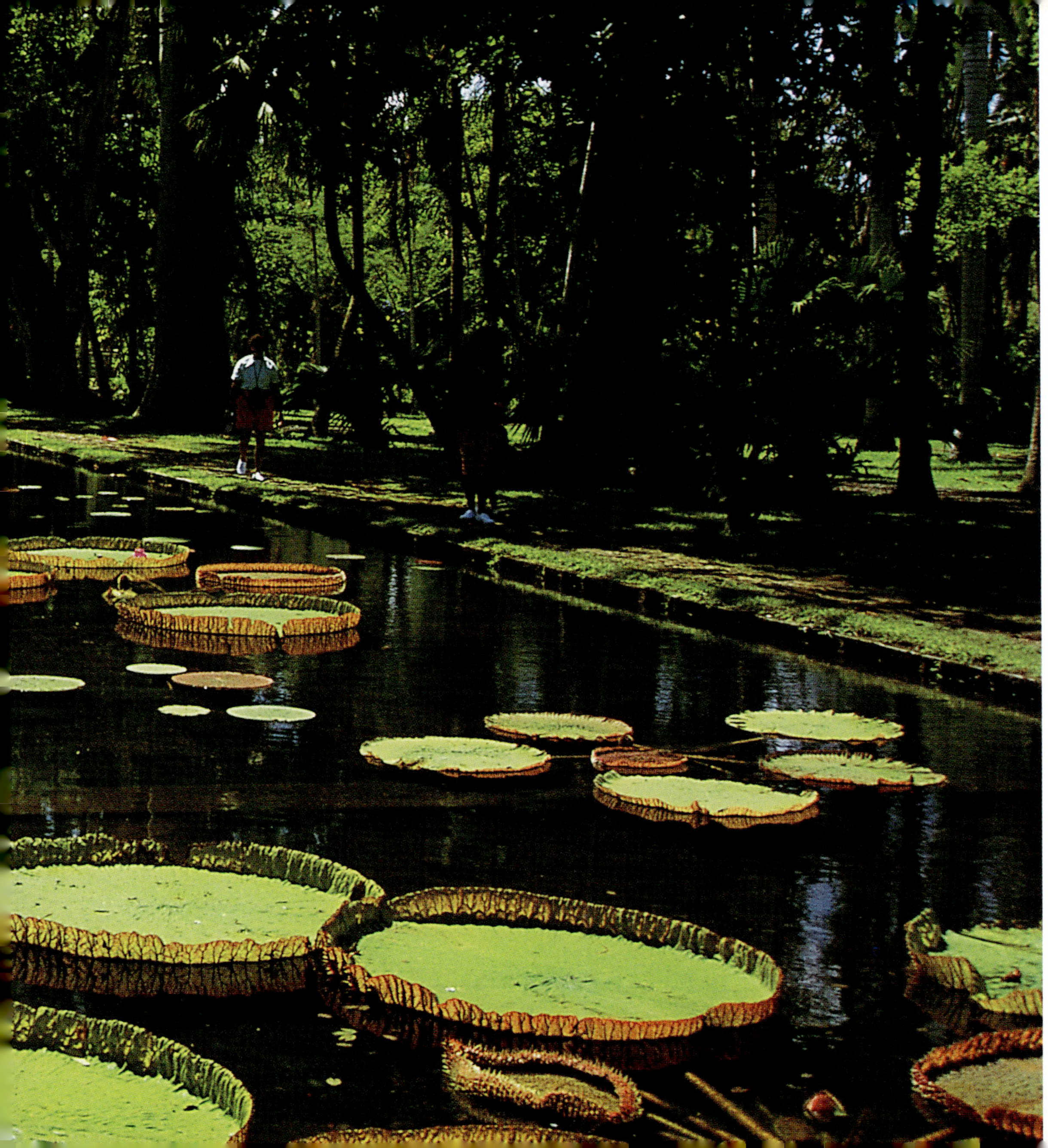

Giant water lilies (left) at the Sir Seewoosagur Ramgoolam Botanic Gardens at Pamplemousse. The Gardens contain over 500 tree and plant species and are one of the island's most popular attractions.

Les nénuphars géants (à gauche) du Jardin botanique de Sir Seewoosague Ramgoolam à Pamplemousse. Ce jardin botanique abrite plus de 500 arbres et espèces de plantes et c'est l'un des lieux d'attraction de l'île.

Riesige Wasserlilien (links) im Sir Seewoosagur Ramgoolam Botanischen Garten in Pampelmousse. Mit mehr als 500 Baum- und Pflanzenarten ist der Garten eine der Hauptattraktionen der Insel.

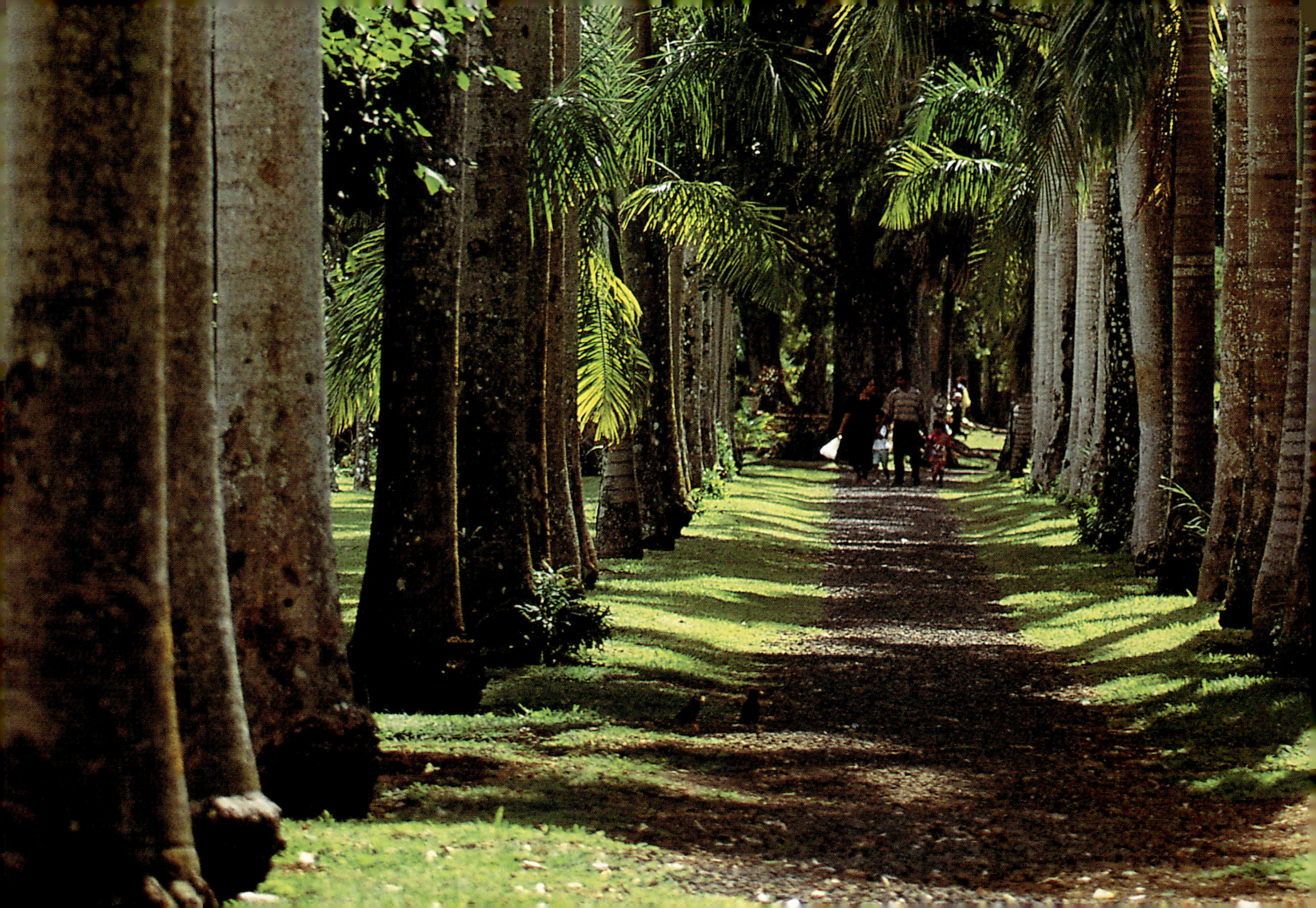

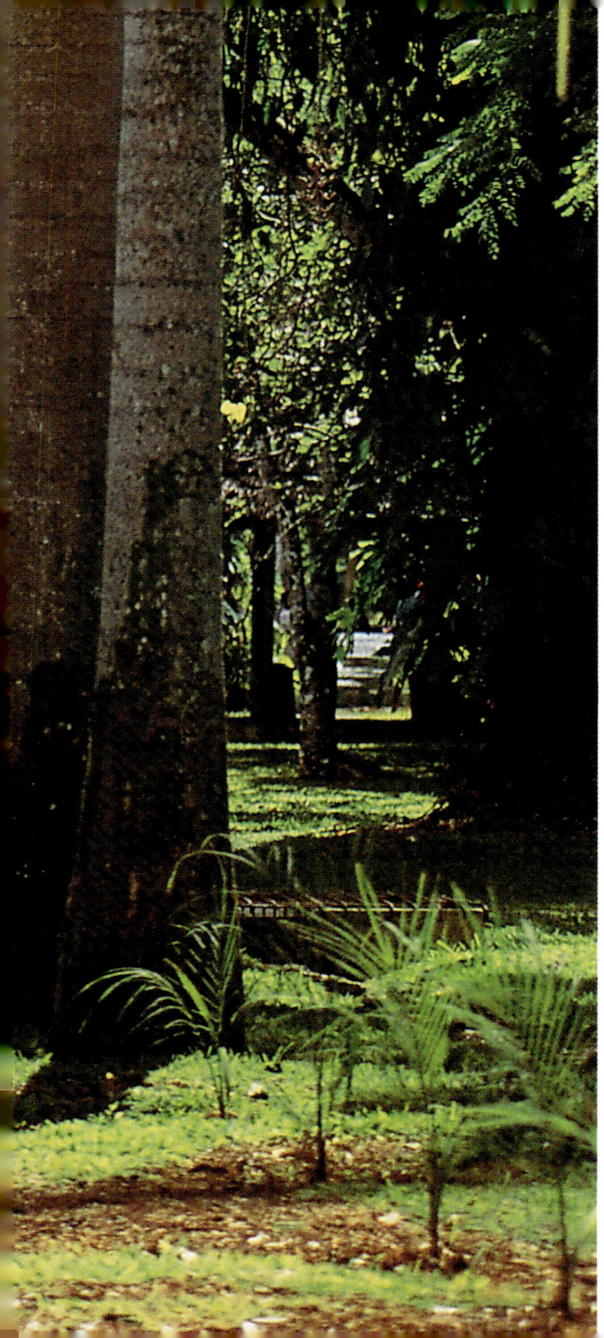

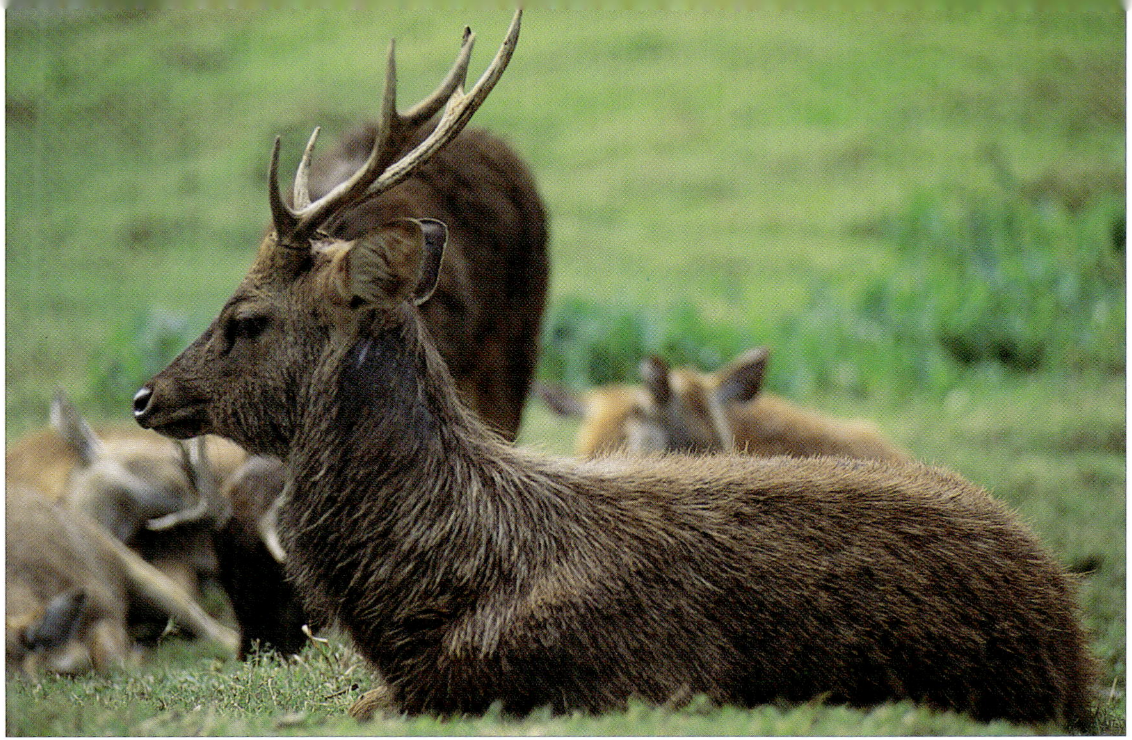

Palm-lined avenues (left) and Javanese deer (above) at the Sir Seewoosagur Ramgoolam Botanic Gardens. The beautiful, sheltered beaches of the north coast include those of Trou aux Biches (pages 22–23).

Des avenues ombragées que bordent des rangées de palmiers (à gauche) et un daim de Java (ci-dessus) dans le Jardin botanique de Sir Seewoosagur Ramgoolam. Les plages de Trou aux Biches (pages 22–23) donnent une idée des belles plages abritées de la côte nord.

Palmenalleen (links) und javanische Rehe (oben) im Sir Seewoosagur Ramgoolam Botanischen Garten. Zu den geschützten Buchten an der Nordküste zählen auch jene von Trou aux Biches (Seite 22–23).

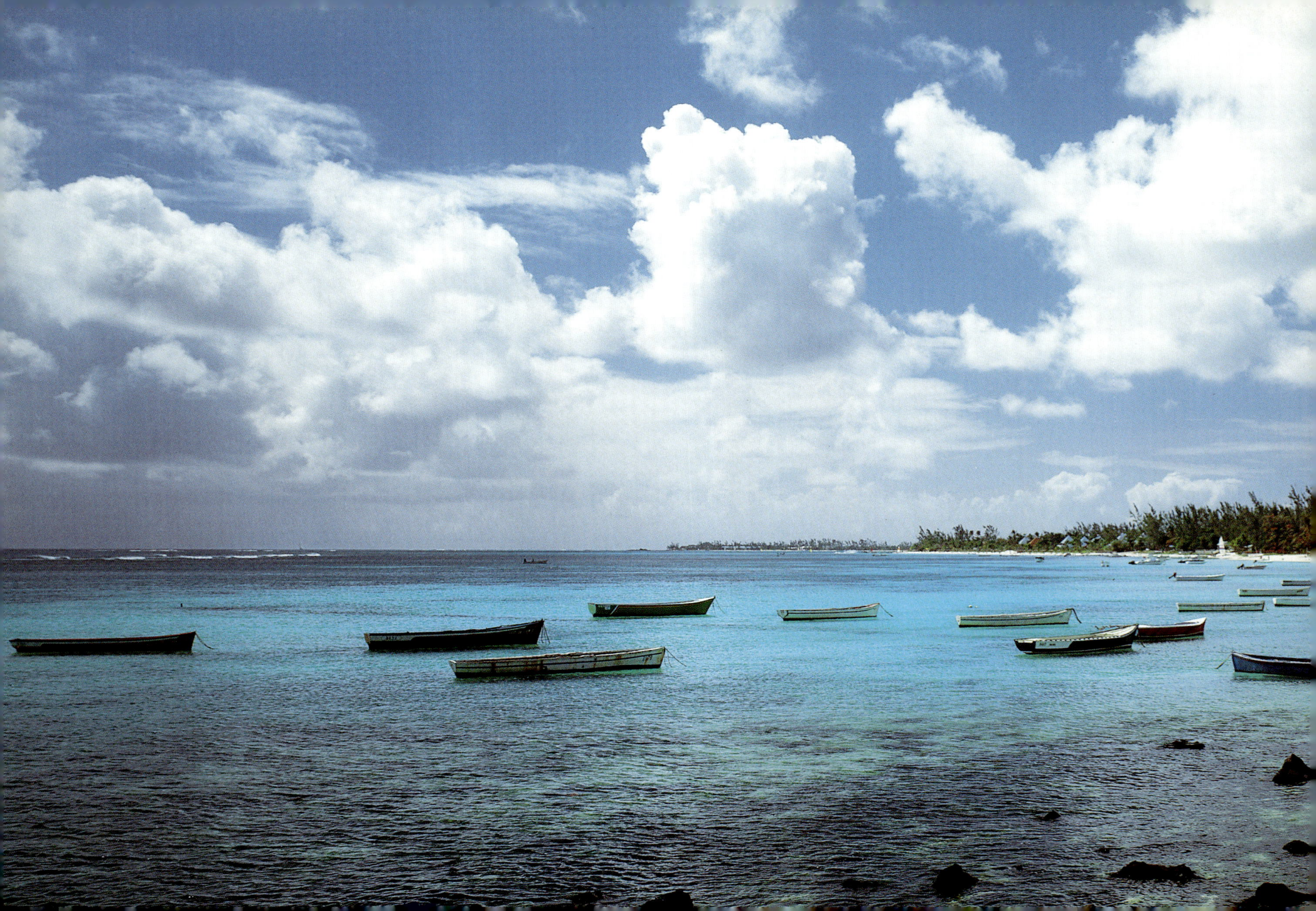

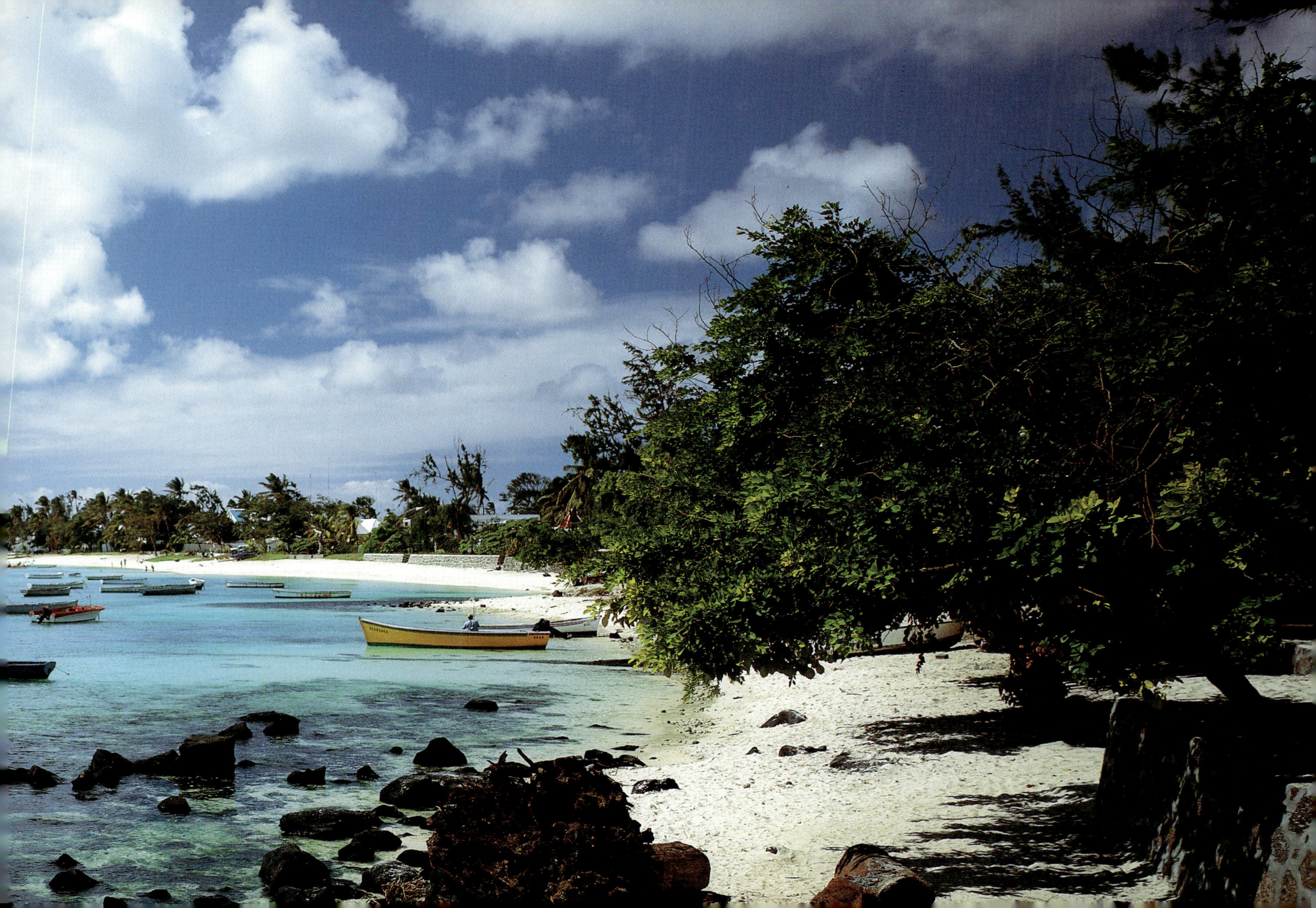

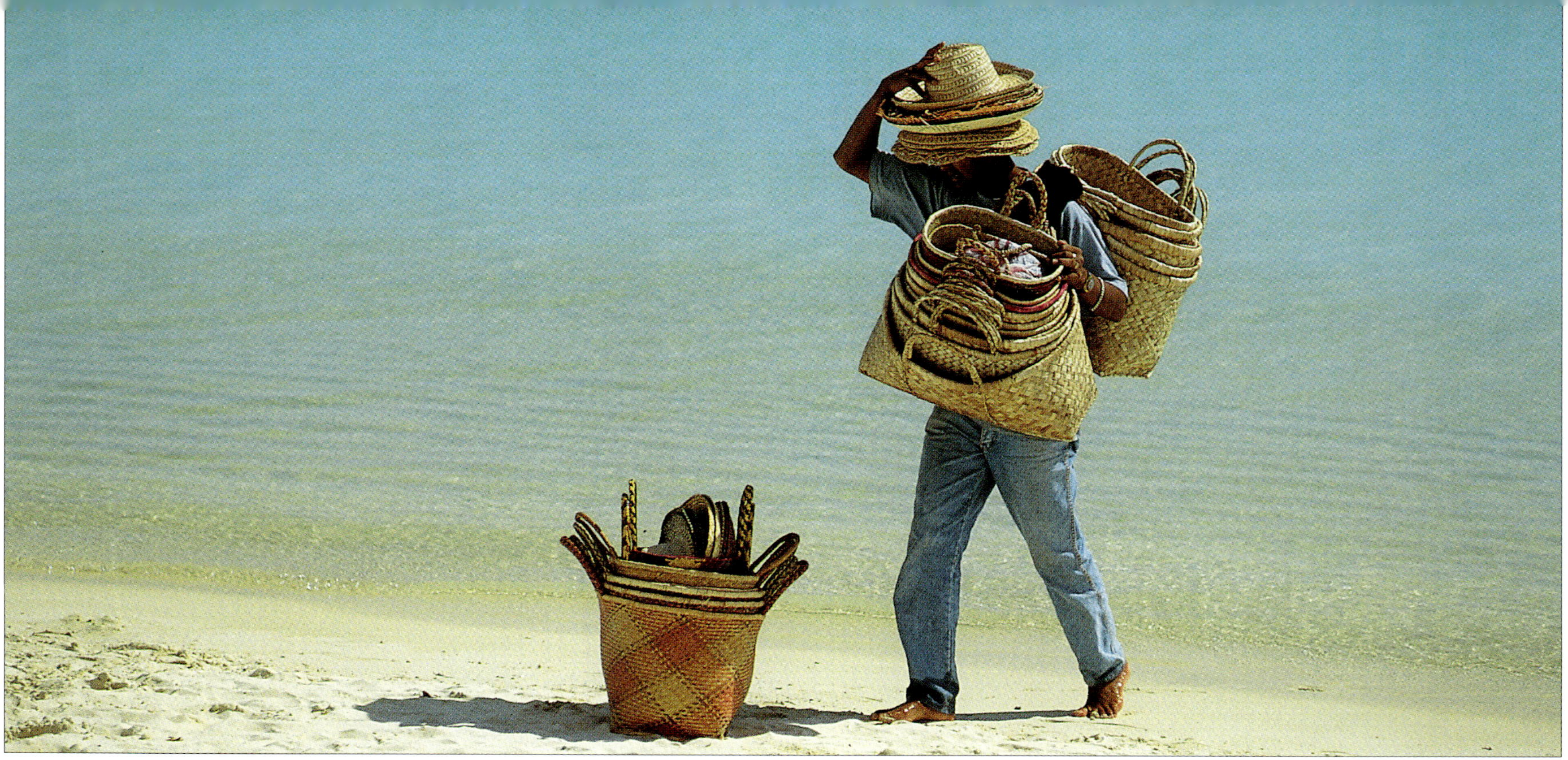

A local vendor (above) at Trou aux Biches (above and opposite) on the north coast. This coastline is one of the country's main resort areas with its long white beaches, turquoise sea and fine accommodation.

Un vendeur (ci-dessus) à Trou aux Biches (ci-dessus et ci-contre) sur la côte nord. C'est ici que se trouvent les principales stations balnéaires avec d'immenses plages, une mer turquoise et un hébergement excellent.

Straßenhändler (oben) bei Trou aux Biches (oben und umseitig) an der Nordküste. Dieser Küstenstrich ist eine der schönsten Erholungsgebiete mit langen, weißen Sandstränden, türkisfarbenem Meer und guten Unterkünften.

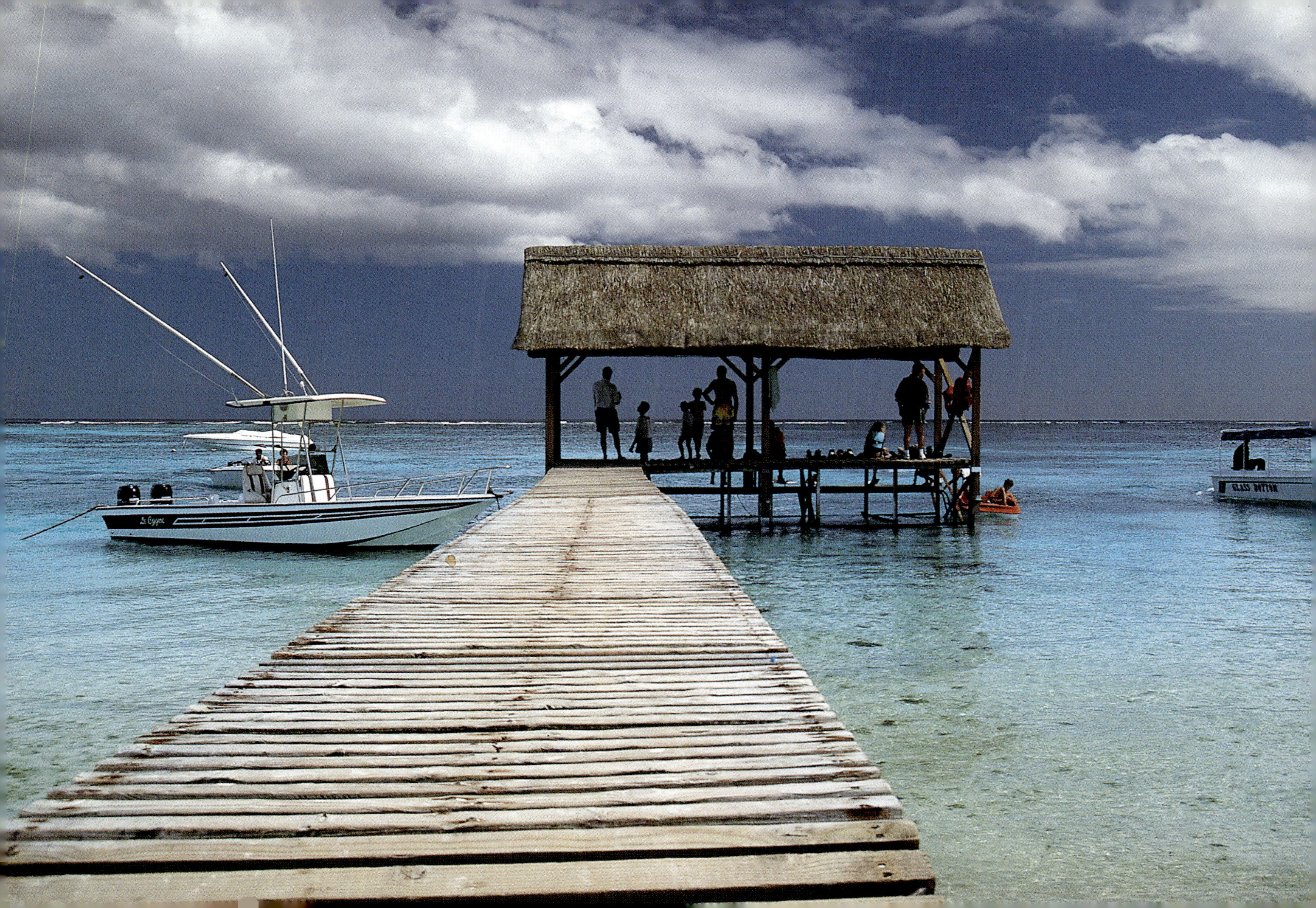

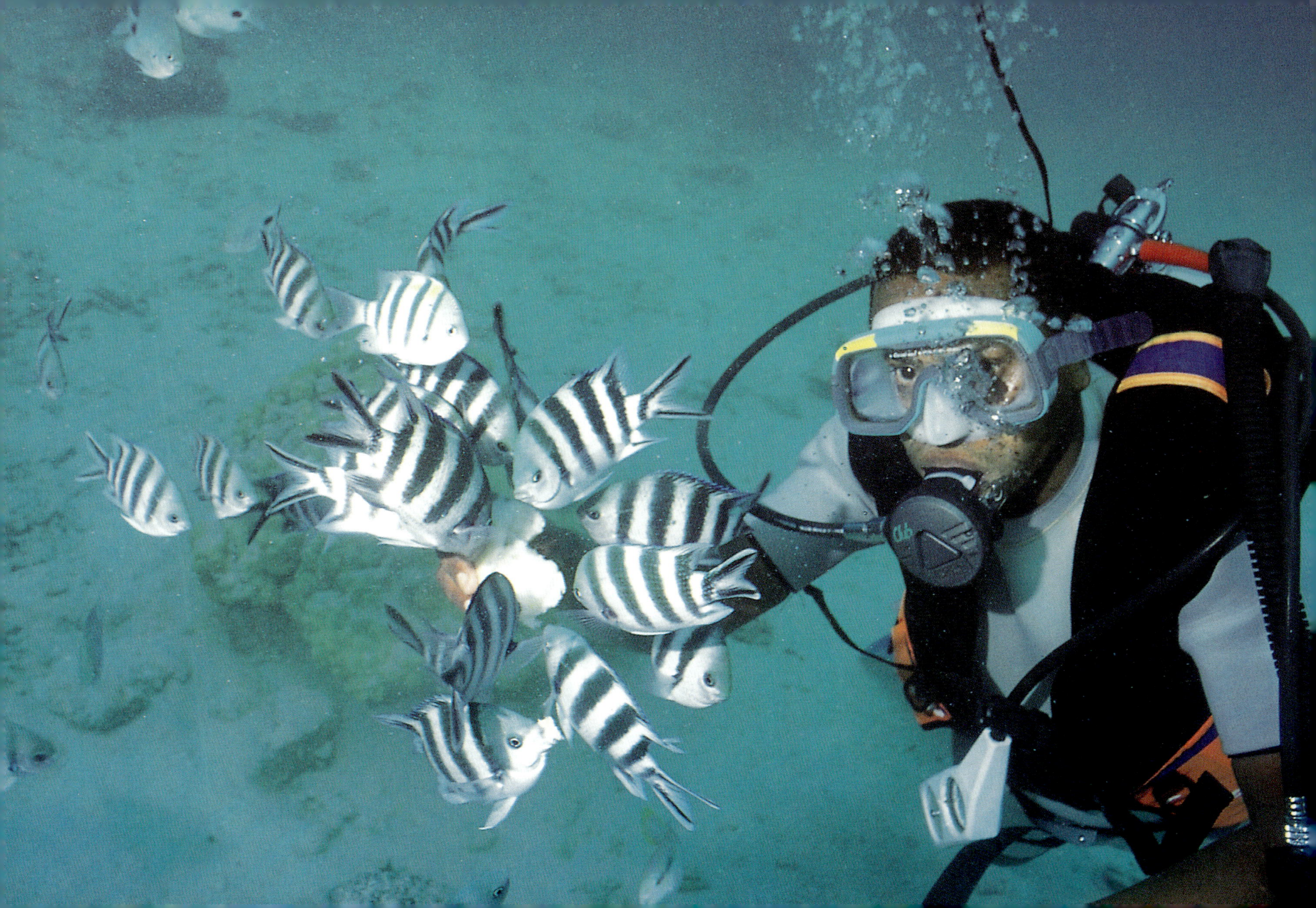

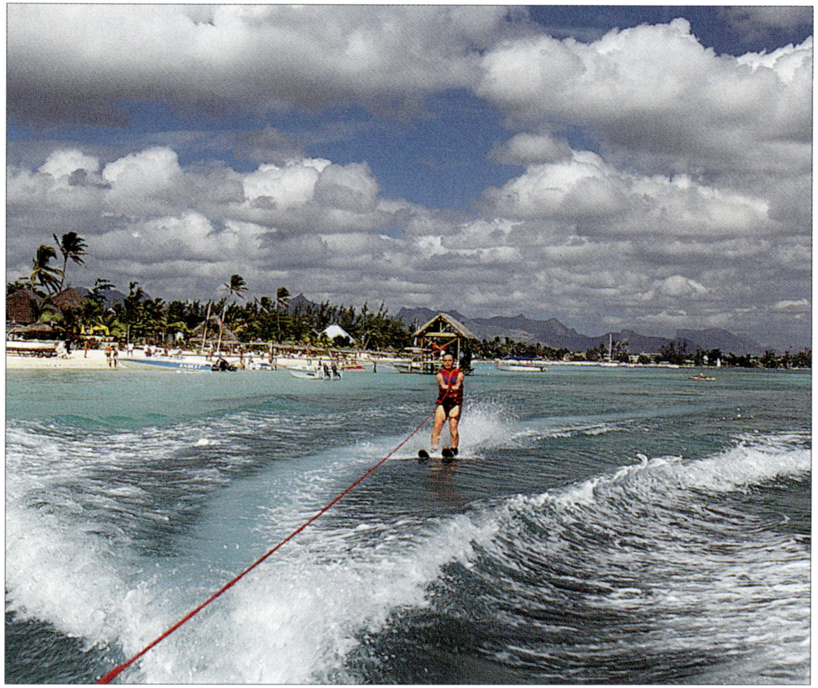

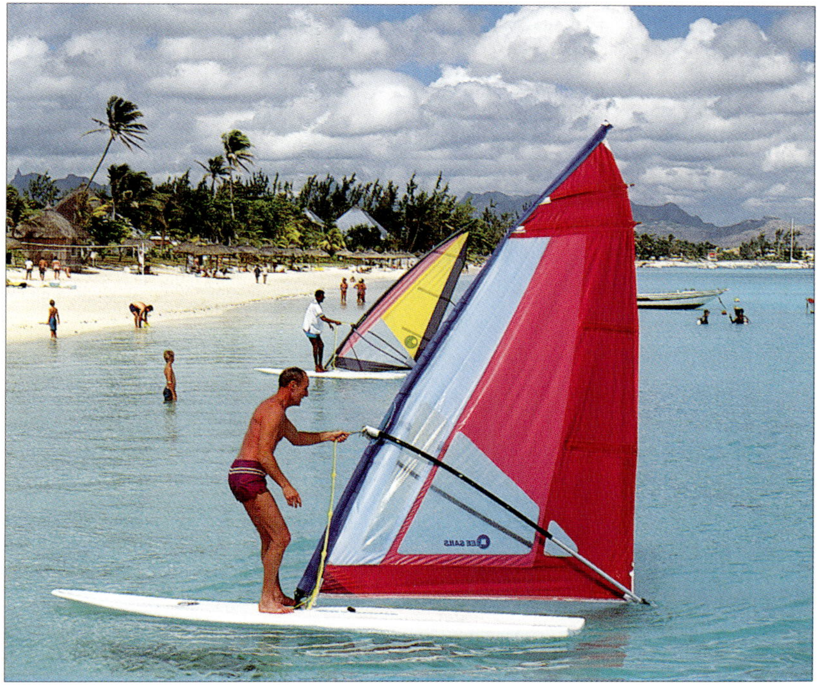

The island's placid waters are perfect for a variety of watersports, such as scuba diving (opposite), waterskiing (above) and windsurfing (top right).

Les eaux calmes de l'île sont idéales pour les sports aquatiques comme la plongée sous-marine (ci-contre), le ski nautique (ci-dessus) et la planche à voile (en haut à droite).

Die ruhigen Gewässer um die Insel eignen sich hervorragend für Wassersportarten, wie Sporttauchen (umseitig), Wasserski (oben links) und Windsurfen (oben).

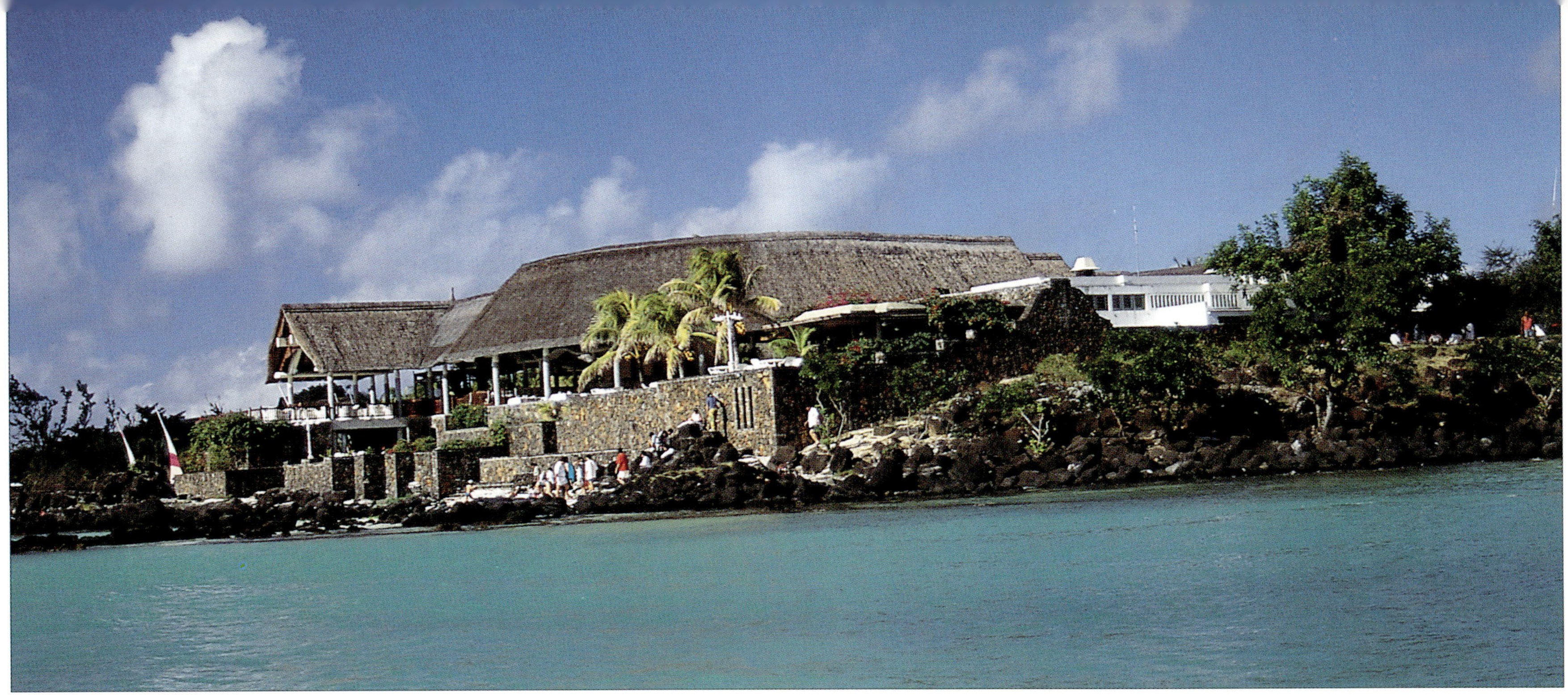

To the north of Trou aux Biches lies Grand Baie with its fine hotel (above).
The schooner Isla Mauritia *(opposite) takes visitors on day cruises to various parts of the island from Grand Baie.*

Au nord de Trou aux Biches, Grand Baie avec son très bel hôtel (ci-dessus). Au départ de Grand Baie la goélette Isla Mauritia *(ci-contre) emmène les visiteurs faire des promenades en mer le long de l'île.*

Nördlich von Trou aux Biches liegt Grand Baie mit seinem schönen Hotel (oben). Auf dem Schoner Isla Mauritia *(umseitig) können Besucher von Grand Baie aus Tagestouren zu verschiedenen Teilen der Insel unternehmen.*

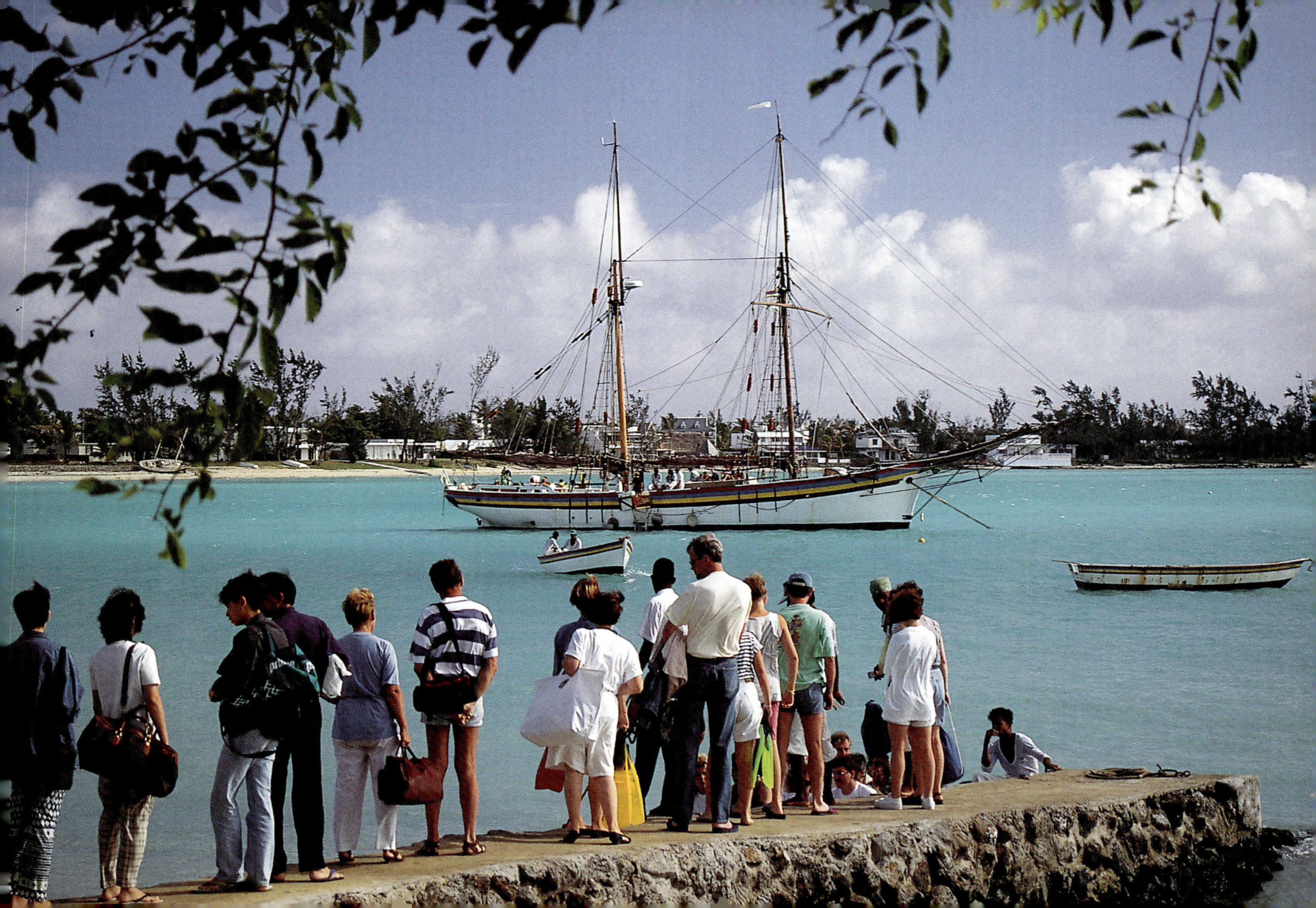

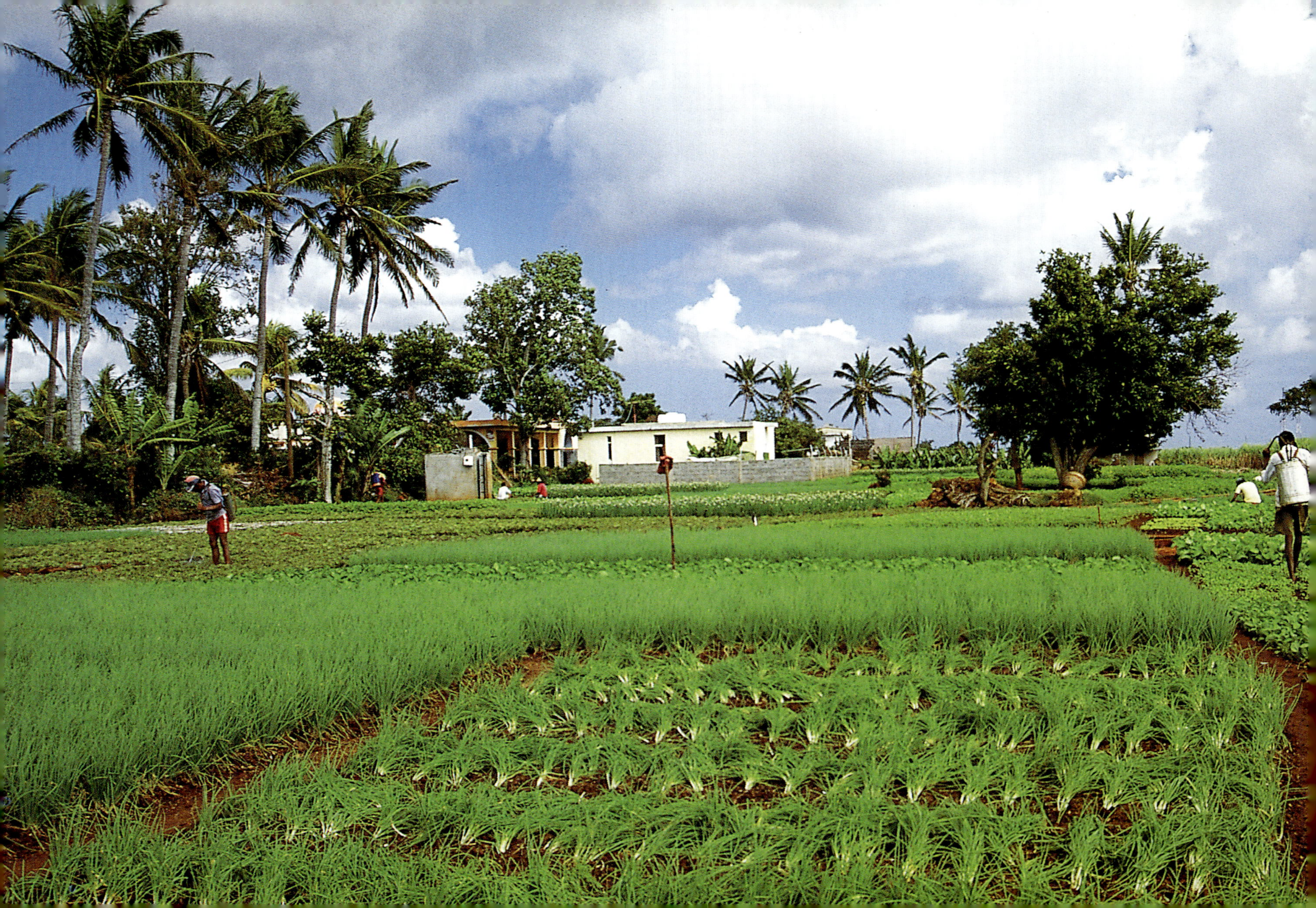

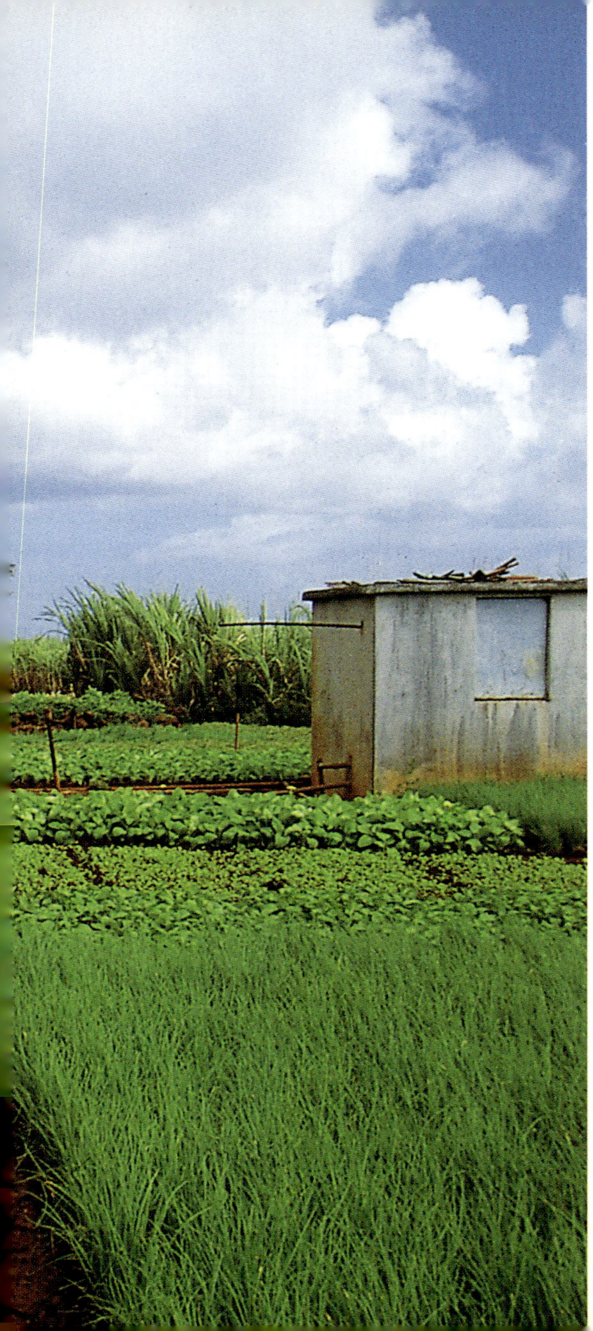

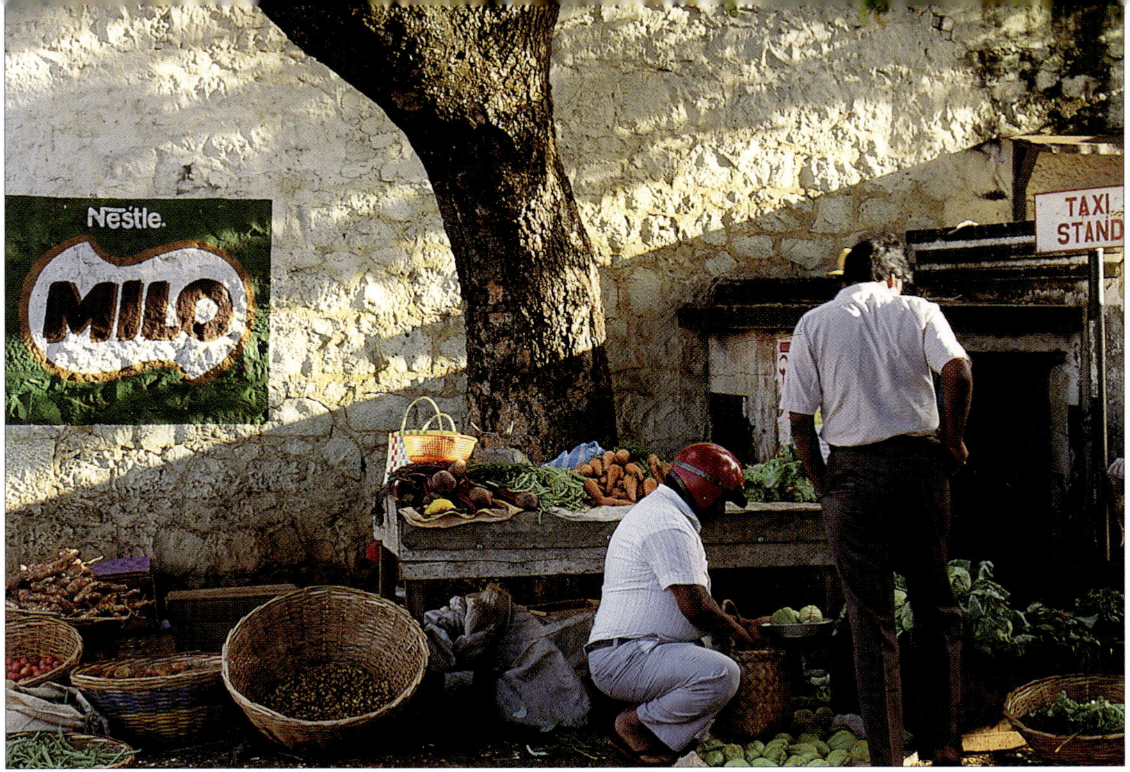

Small-scale farmers make use of limited land to grow vegetables at places like Terre Rouge (left). The produce is sold at Port Louis or at stalls such as this one at Triolet (above).

A Terre Rouge (à gauche) des fermiers ont créé de petites exploitations sur un espace limité pour faire pousser des légumes. Ils vendent leurs produits à Port Louis ou à Triolet (ci-dessus).

Kleinbauern nutzen begrenztes Landwirtschaftsgebiet für Gemüseanbau, wie hier in Terre Rouge (links). Die Erzeugnisse werden in Port Louis – oder auch an Ständen wie dieser bei Triolet (oben) vermarktet.

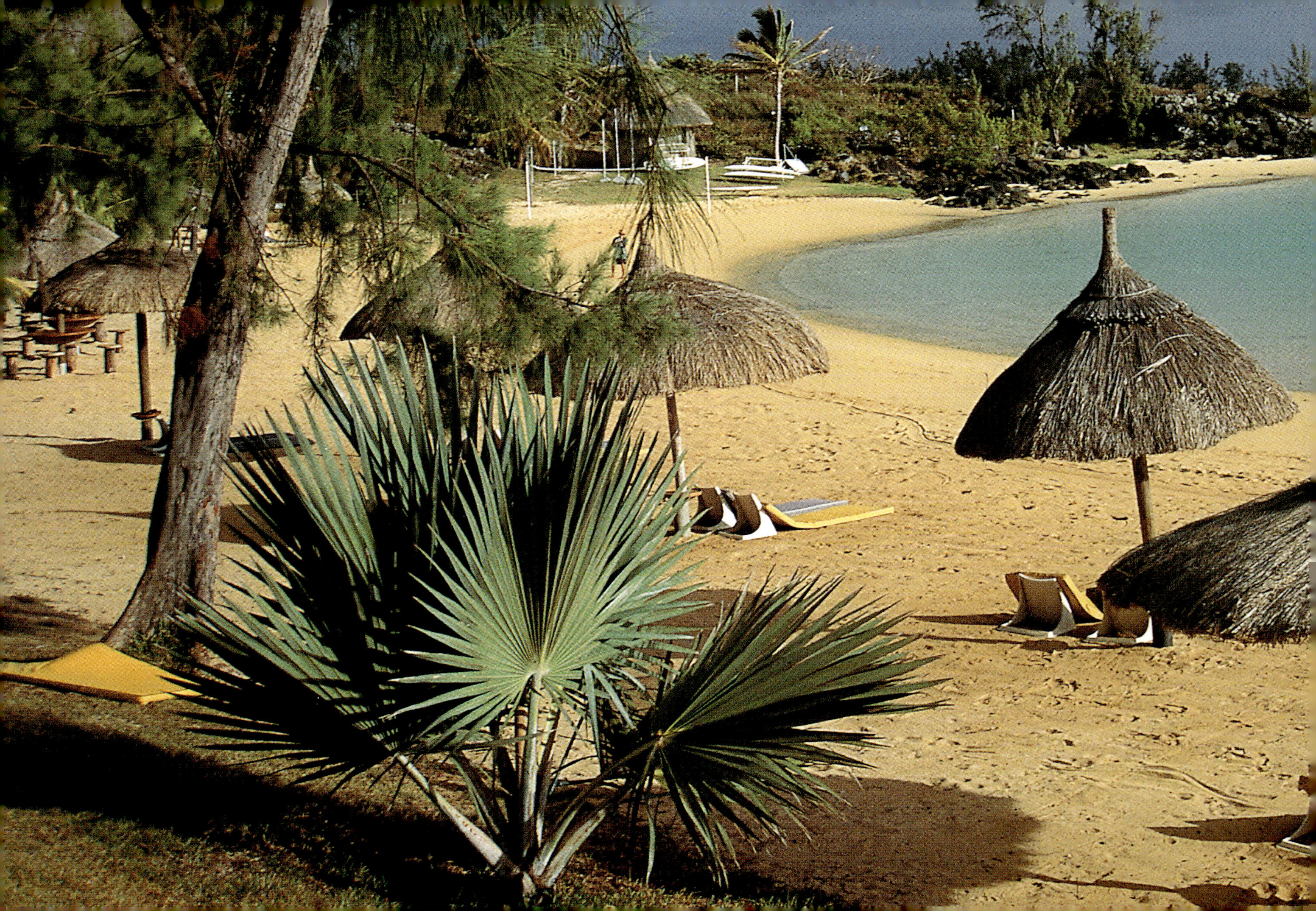

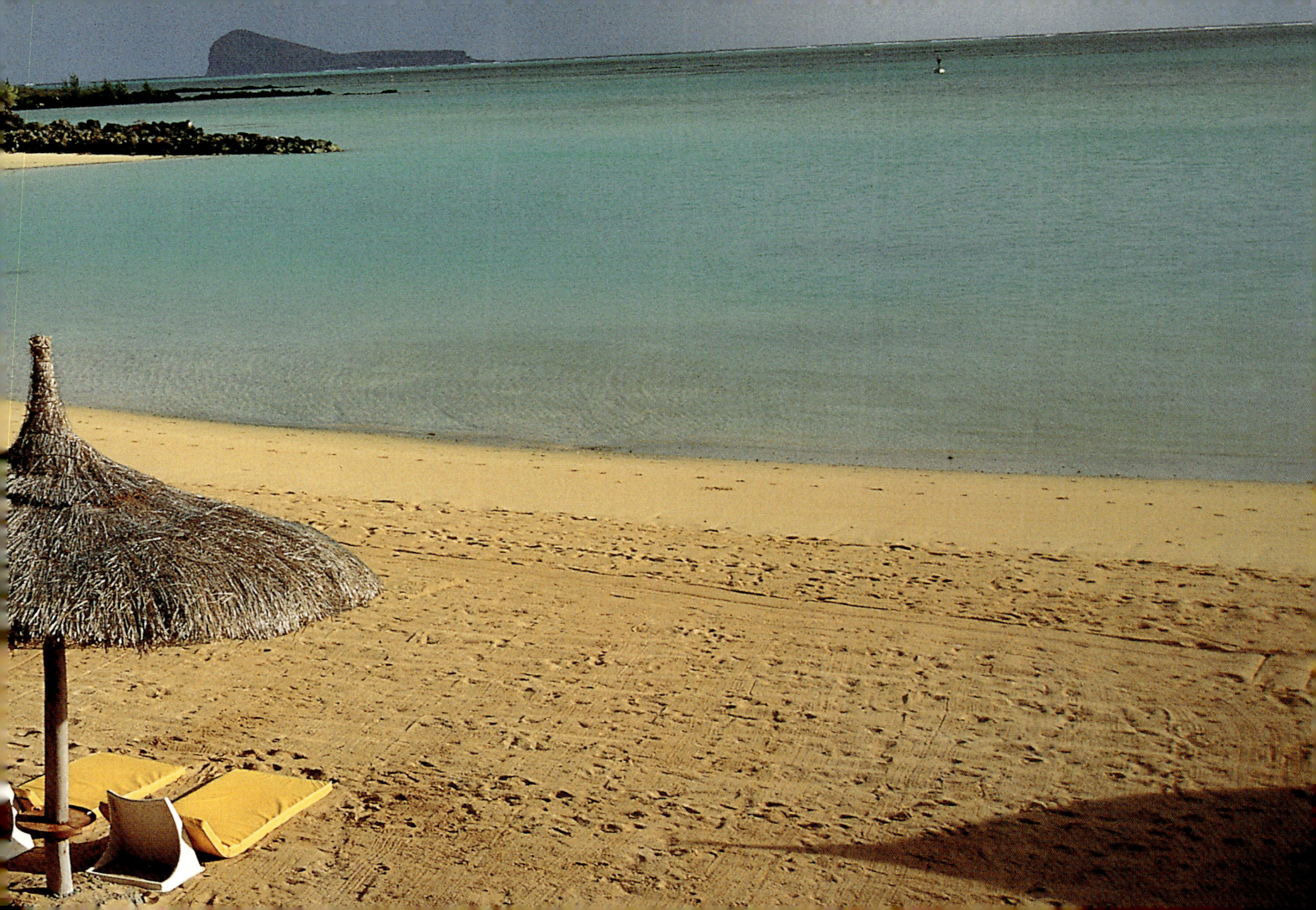

Grand Gaube in the northeast is a haven for holidaymakers (pages 32–33) but is mainly known as a fishing village (right).

Grand Gaube au nord-est est un havre de paix pour les vacanciers (pages 32–33) mais c'est surtout un village de pêcheurs (à droite).

Grand Gaube im Nordosten ist eine Ferienoase (Seite 32–33) aber es ist bekannt als Fischerdorf (rechts), .

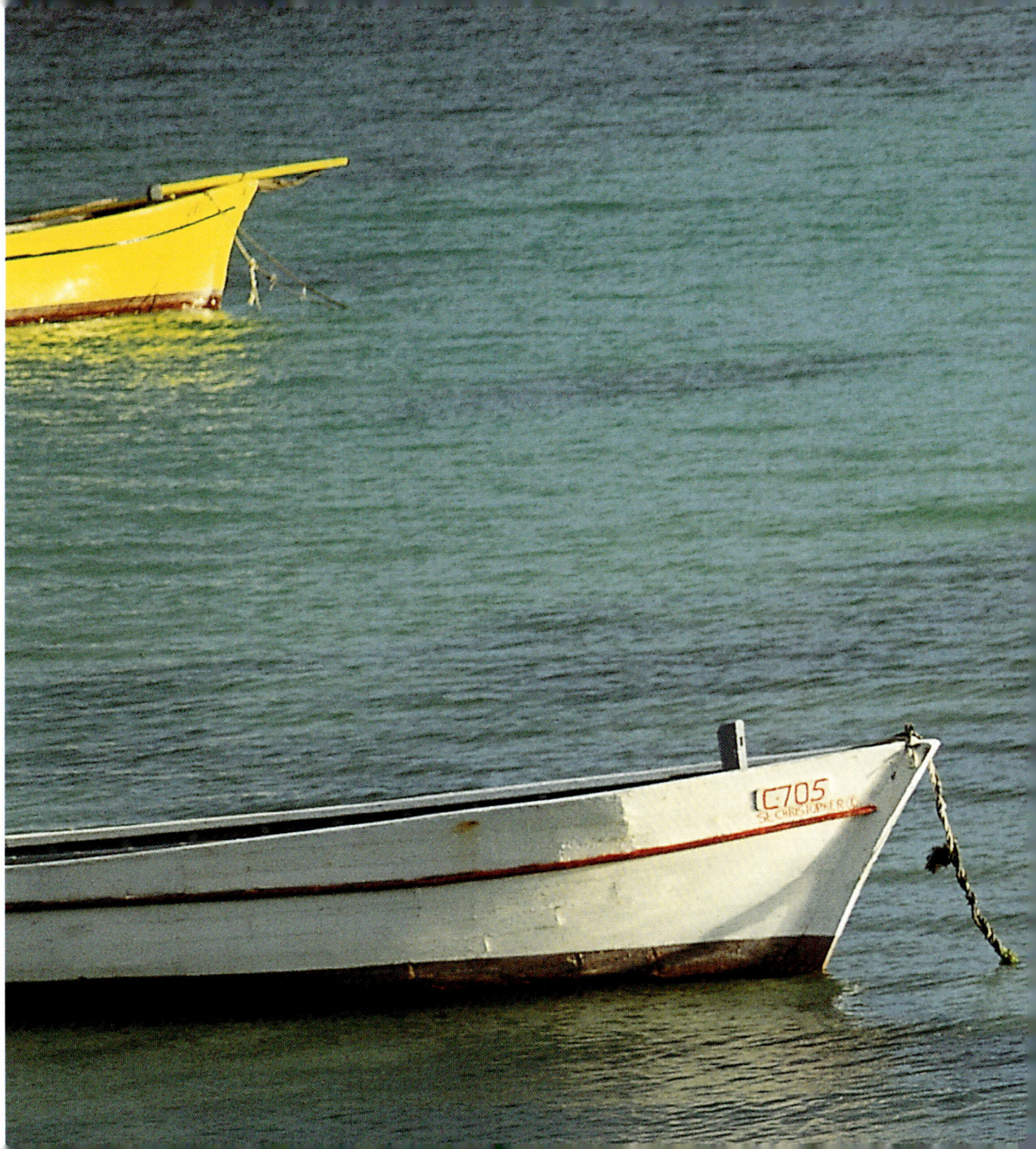

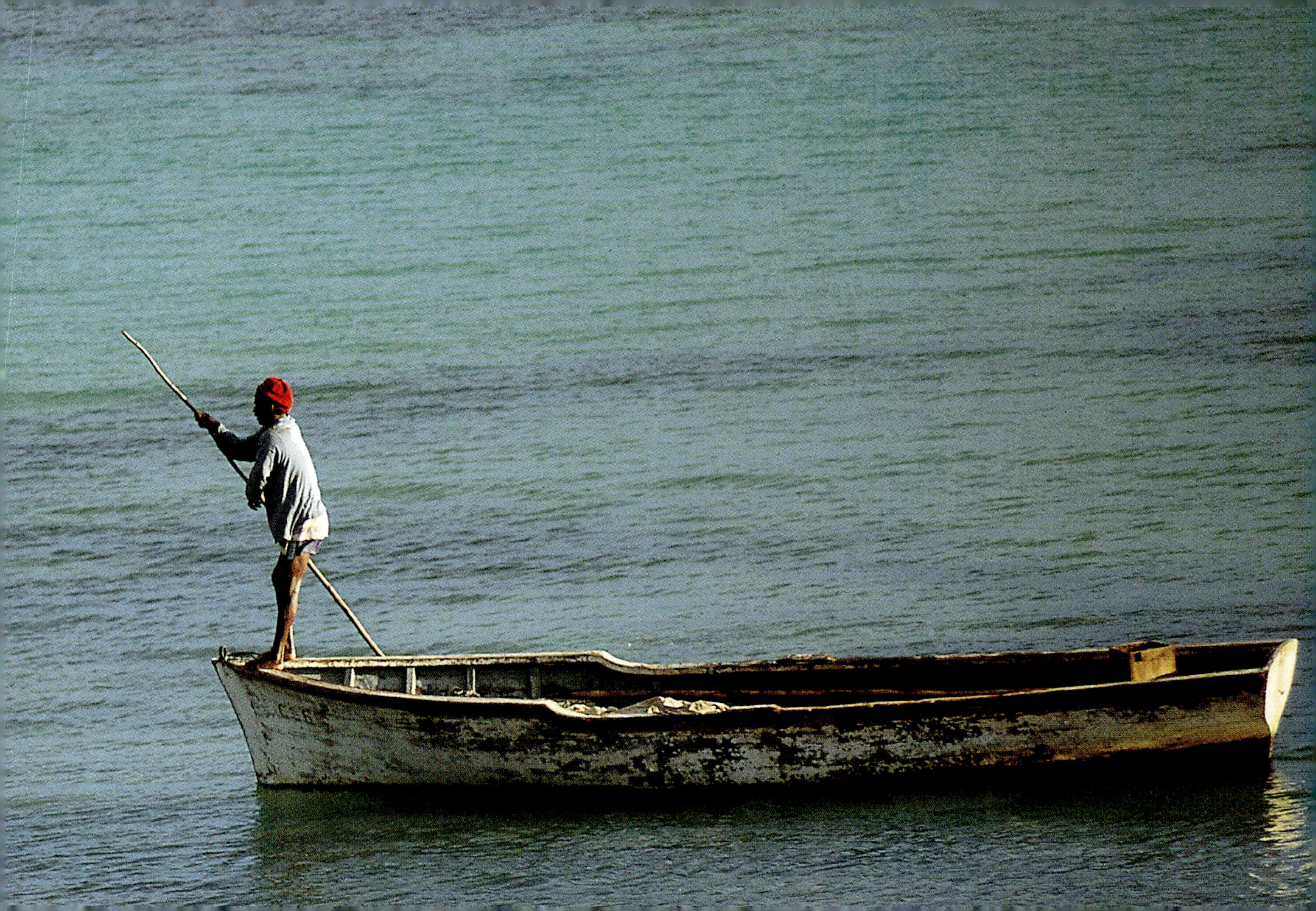

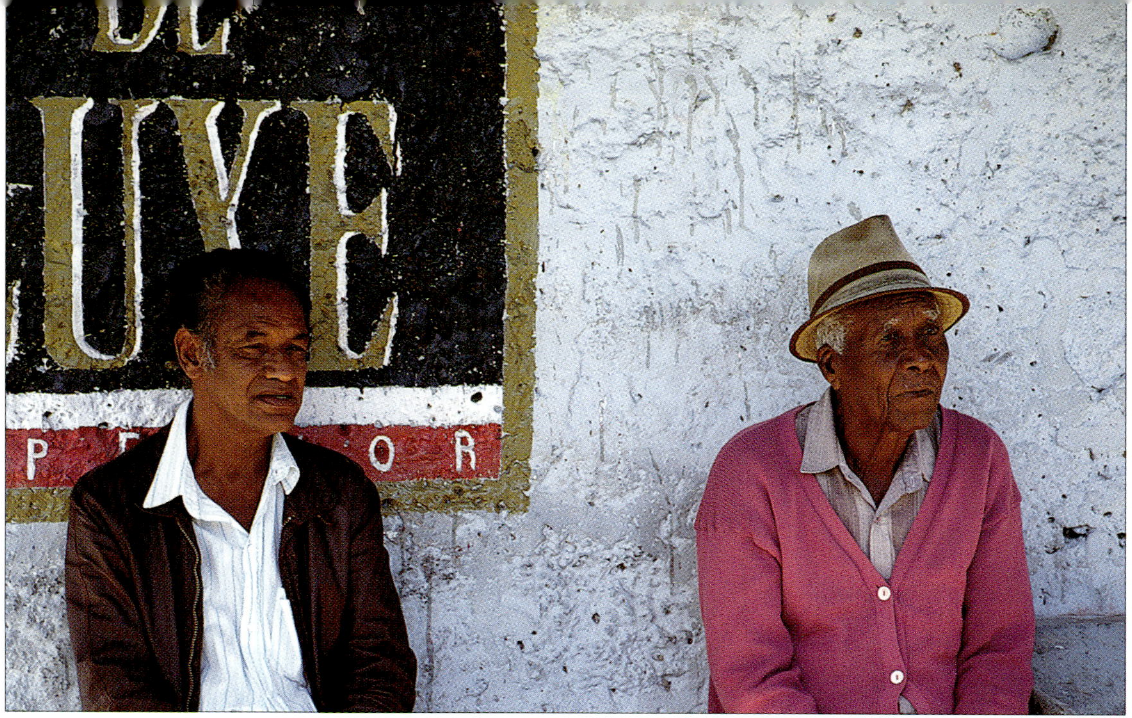

Lazy days at Cap Malheureux (above and right),
the most northerly point of Mauritius.

Des journées de détente au Cap Malheureux (ci-dessus et à droite),
l'extrémité la plus septentrionale de l'île Maurice.

Geruhsame Stunden in Cap Malheureux (oben und rechts),
die nördlichste Spitze von Mauritius.

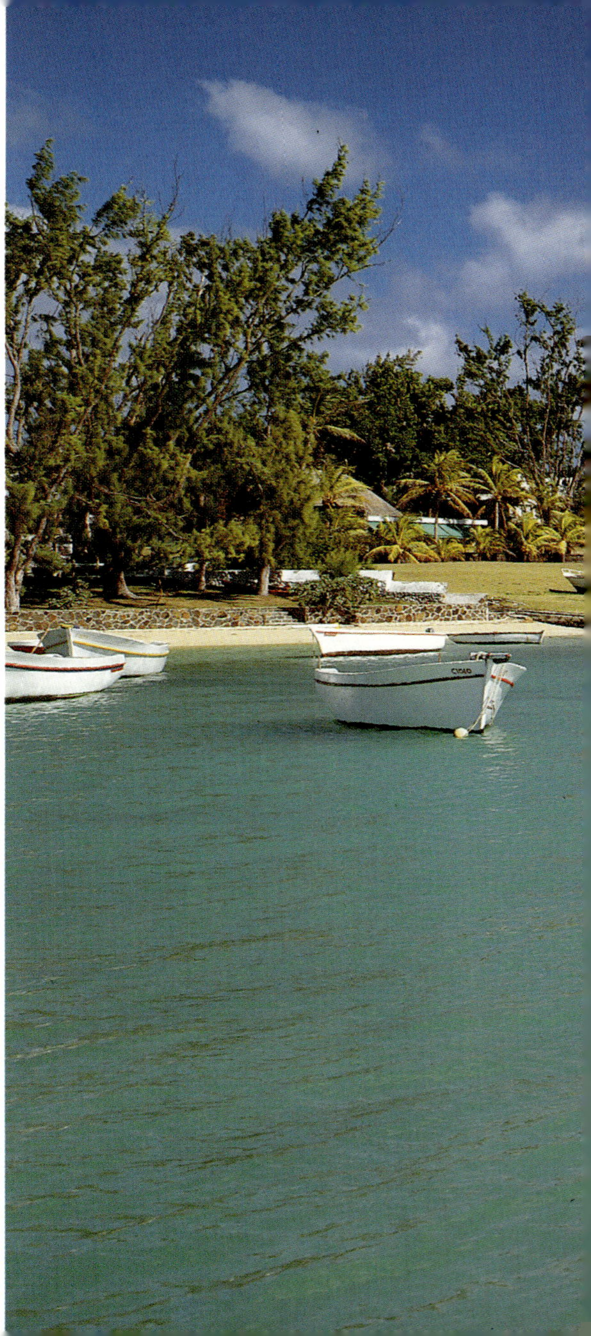

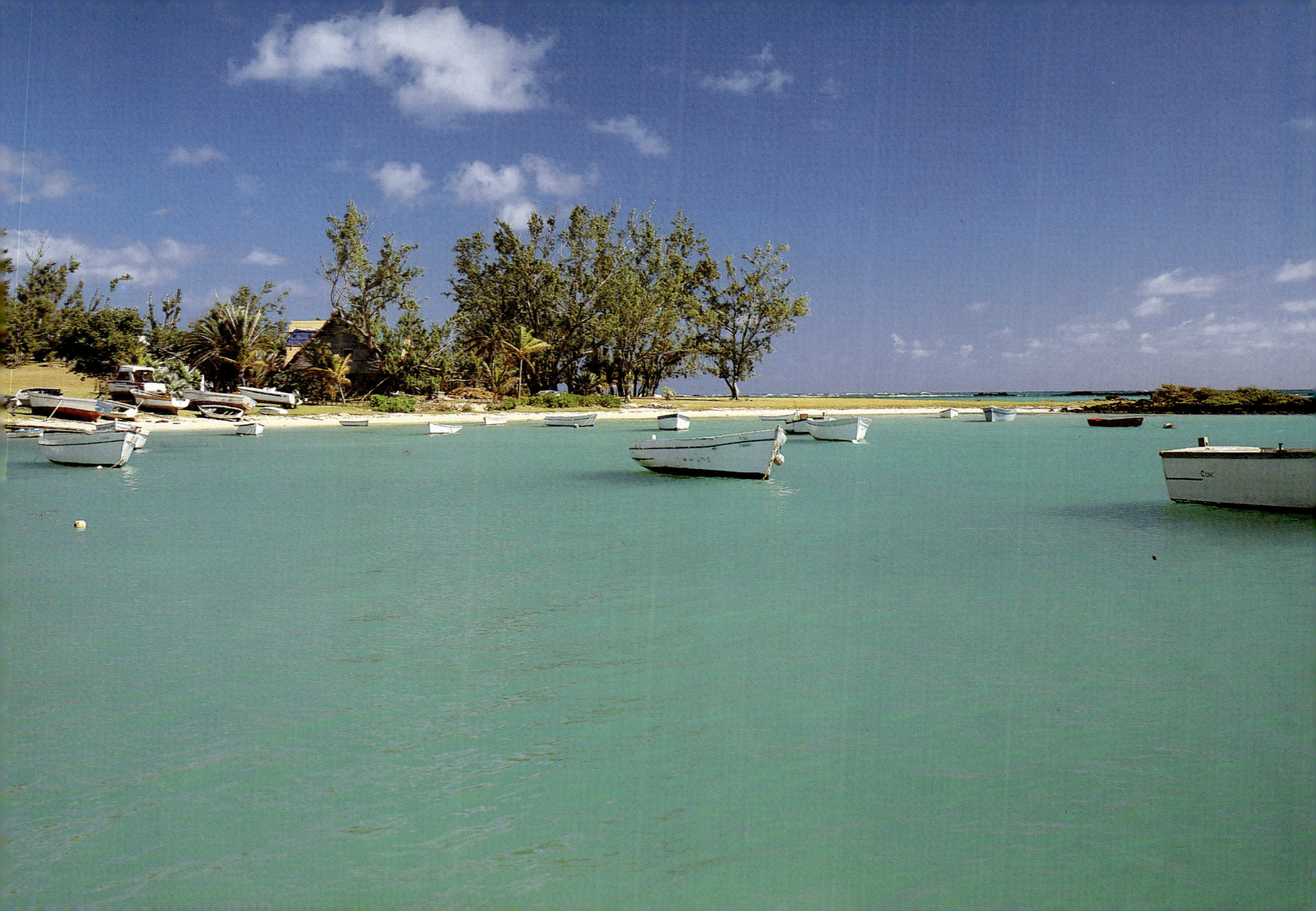

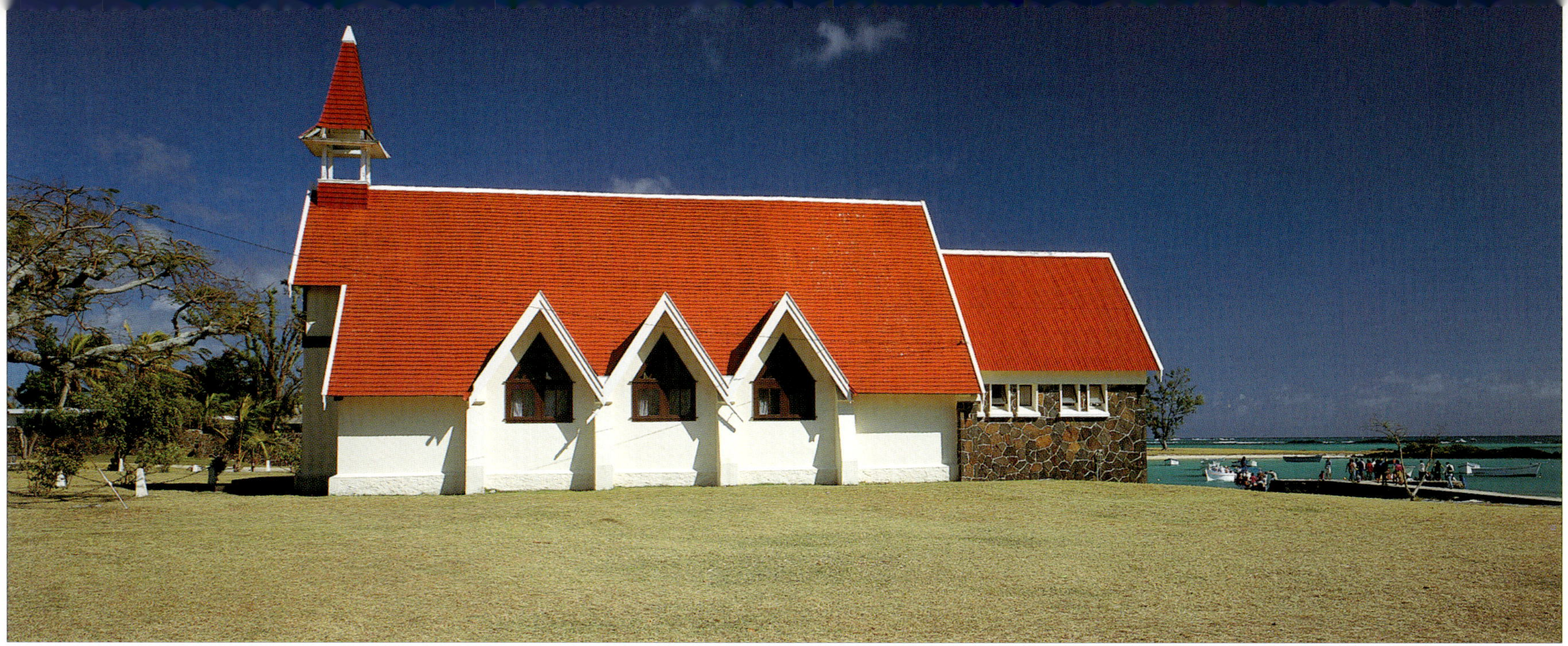

The Roman Catholic Church at Cap Malheureux (above).
The distinctive wedge-shaped island of Coin de Mire (opposite) lies a short way offshore.

L'église catholique du Cap Malheureux (ci-dessus).
L'île de Coin de Mire, à la forme si caractértistique (ci-contre), est non loin du large.

Die katholische Kirche bei Cap Malheureux (oben).
Vorgelagert liegt die keilförmige Insel Coin de Mire (umseitig).

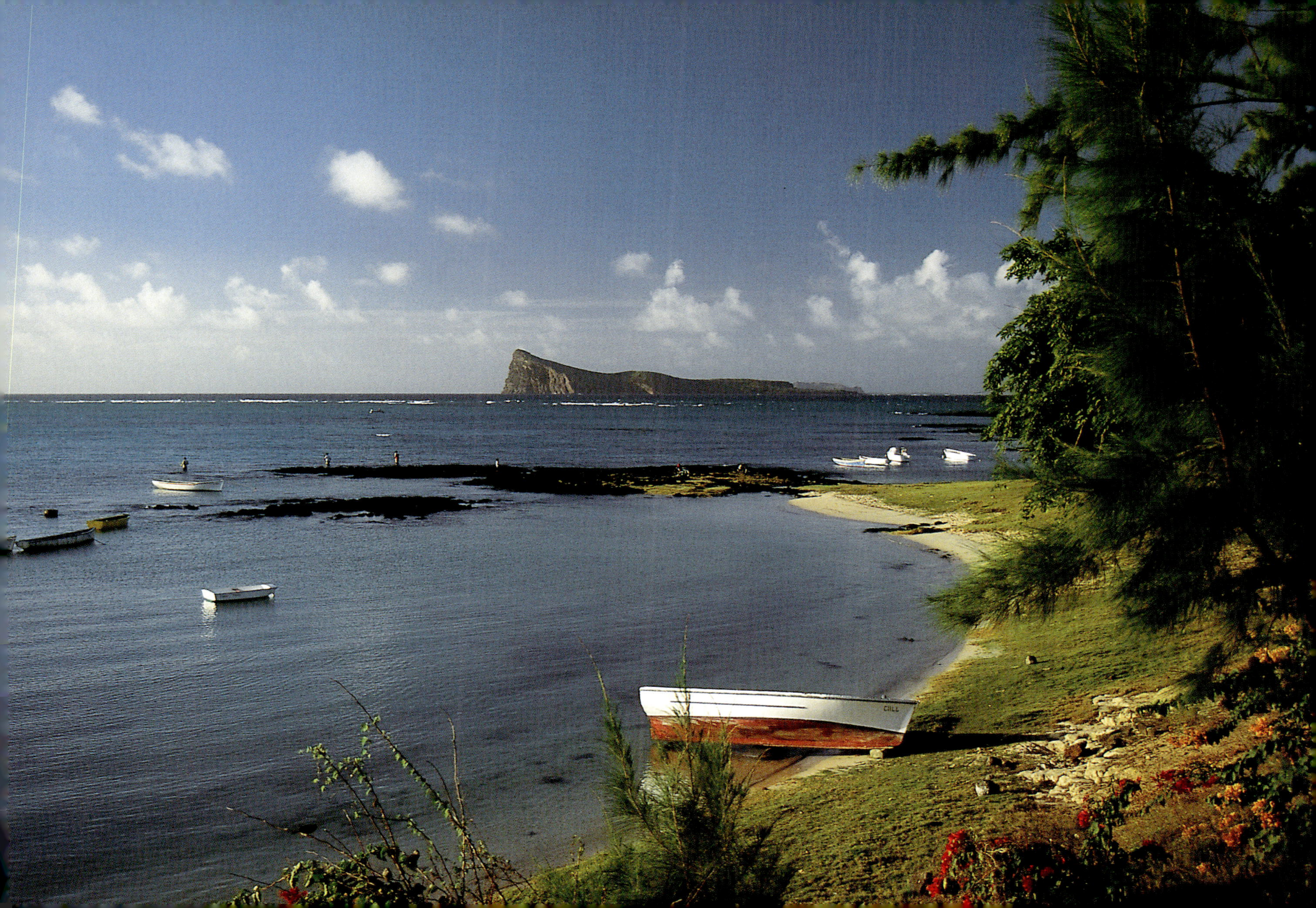

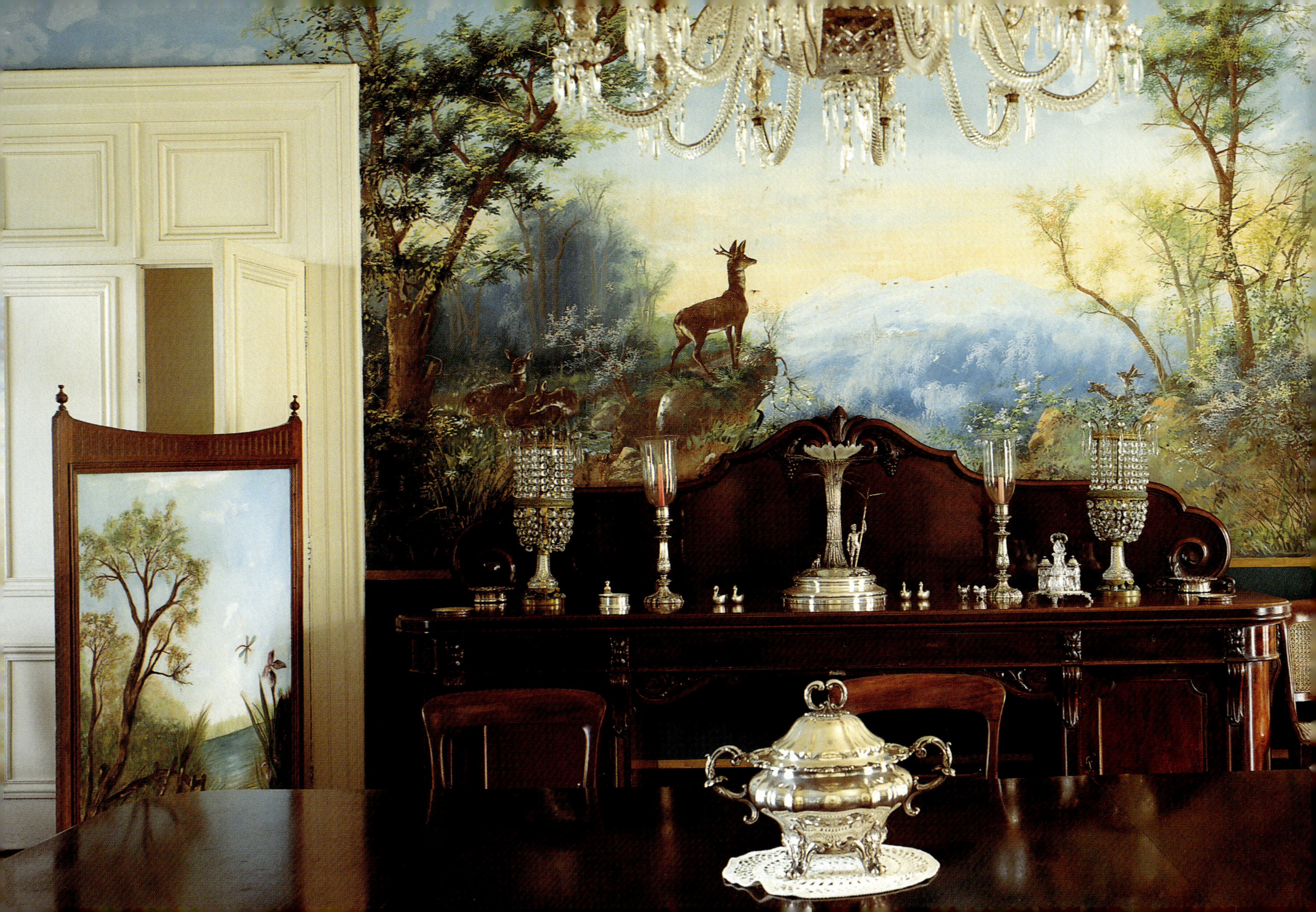

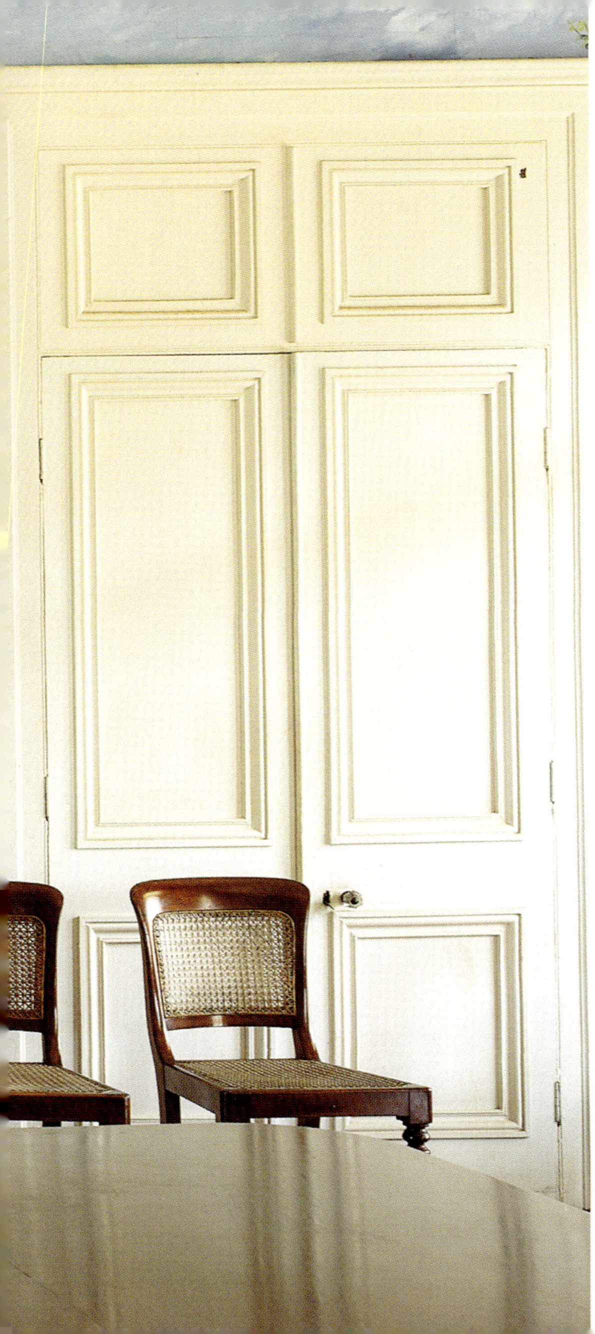

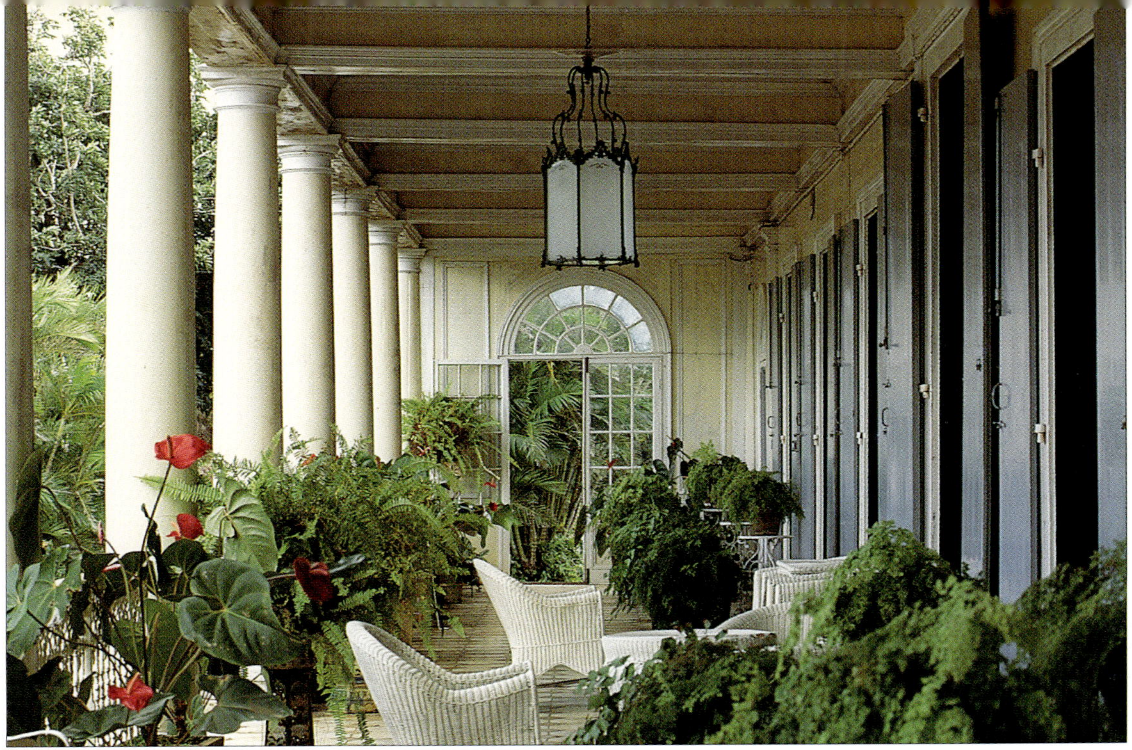

Labourdonnais (left and above) at Mapou was once the home of a prosperous sugar estate owner. This lavish plantation mansion was completed in 1858.

Labourdonnais (à gauche et ci-dessus) à Mapou était autrefois le domaine d'un riche propriétaire de plantations de canne à sucre. La construction de cette luxueuxe demeure a été terminée en 1858.

Labourdonnais (links und oben) bei Mapou war einst das Wohnhaus eines wohlhabenden Zuckerrohrbarons. Der opulente Plantagensitz wurde 1858 vollendet.

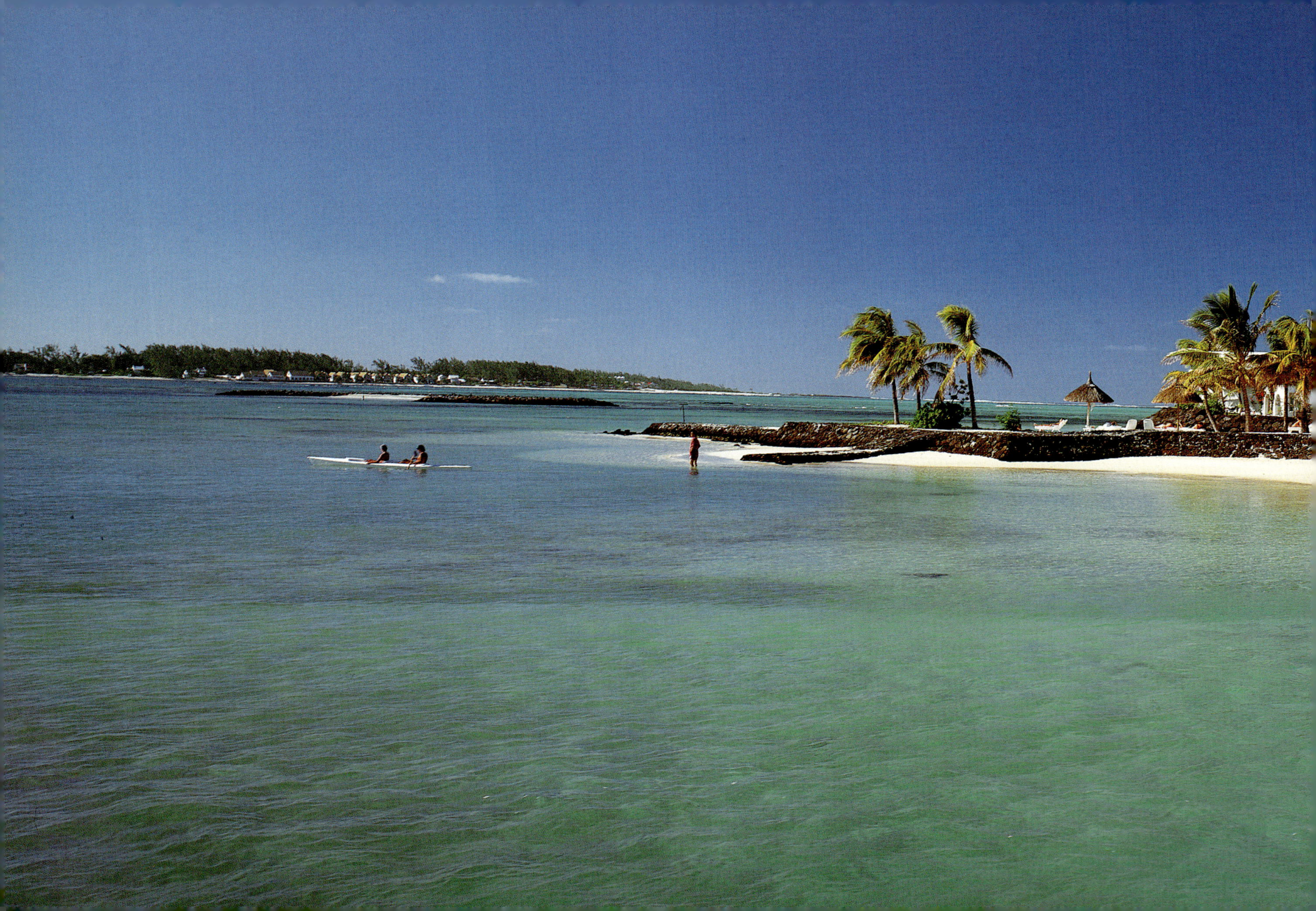

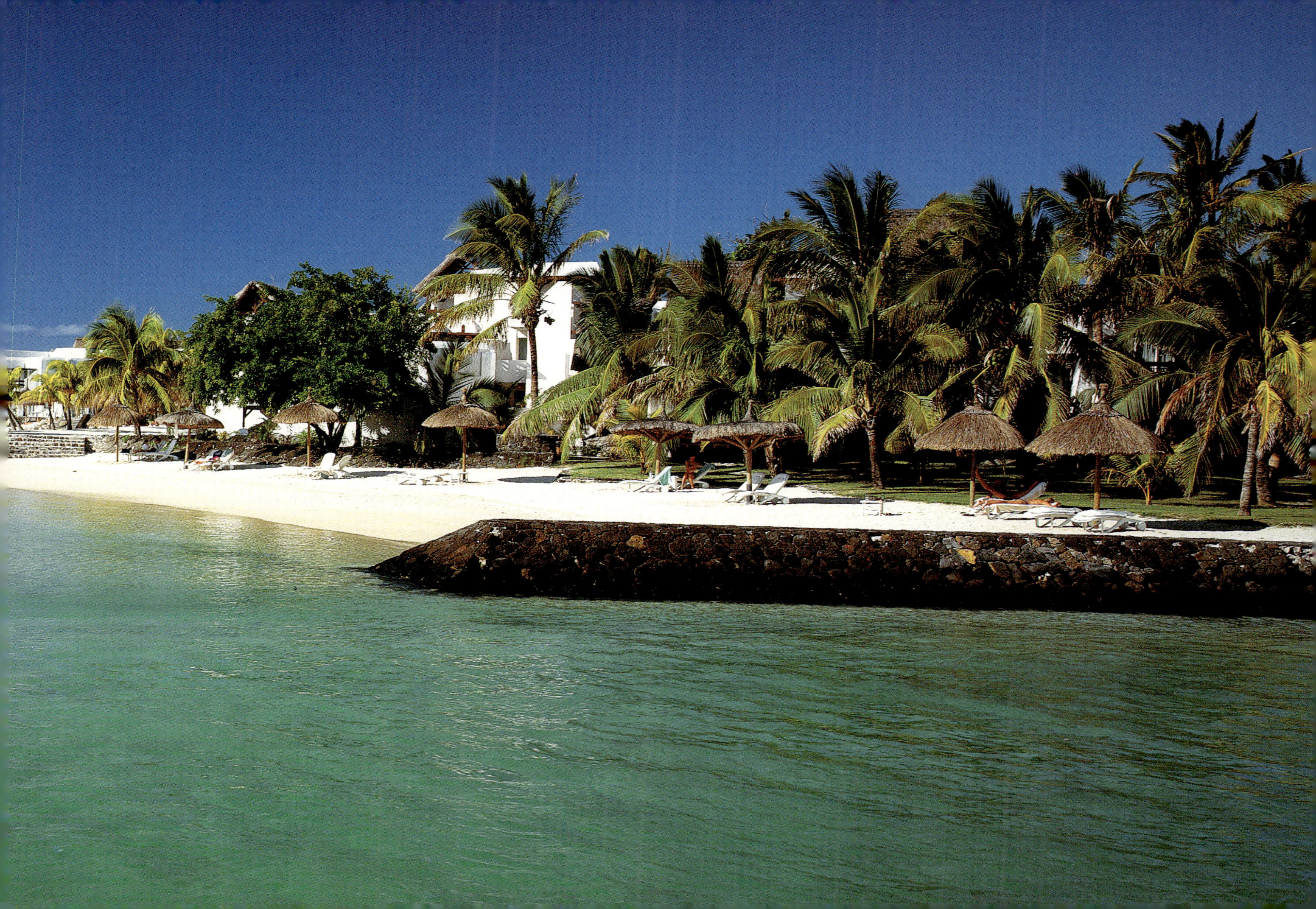

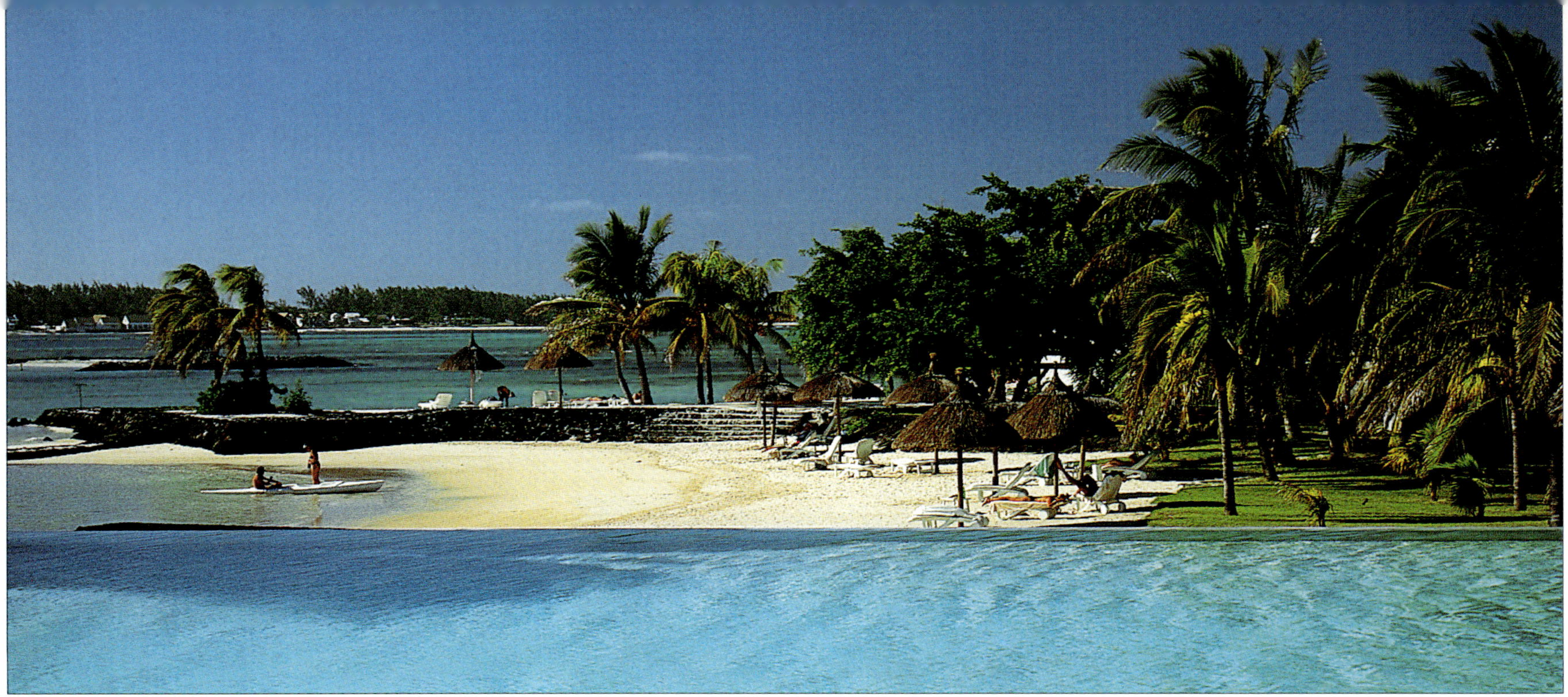

On a secluded peninsula on the east coast lies the luxurious Le Touessrok Hotel (pages 42–43, above and opposite), blessed with powdery white beaches, sapphire waters and a limpid lagoon.

Le luxueux hôtel Le Touessrok (pages 42–43), ci-dessus et ci-contre), situé sur une péninsule sur la côte est, est réputé pour ses plages de sable fin, la couleur extraordinaire de la mer et pour son lagon aux eaux limpides.

Auf einer geschützten Halbinsel an der Ostküste liegt das luxuriöse Le Touessrok Hotel (Seite 42–43, oben und umseitig) mit schneeweißen Sandstränden, strahlendblauem Meer und einer kristallklaren Lagune.

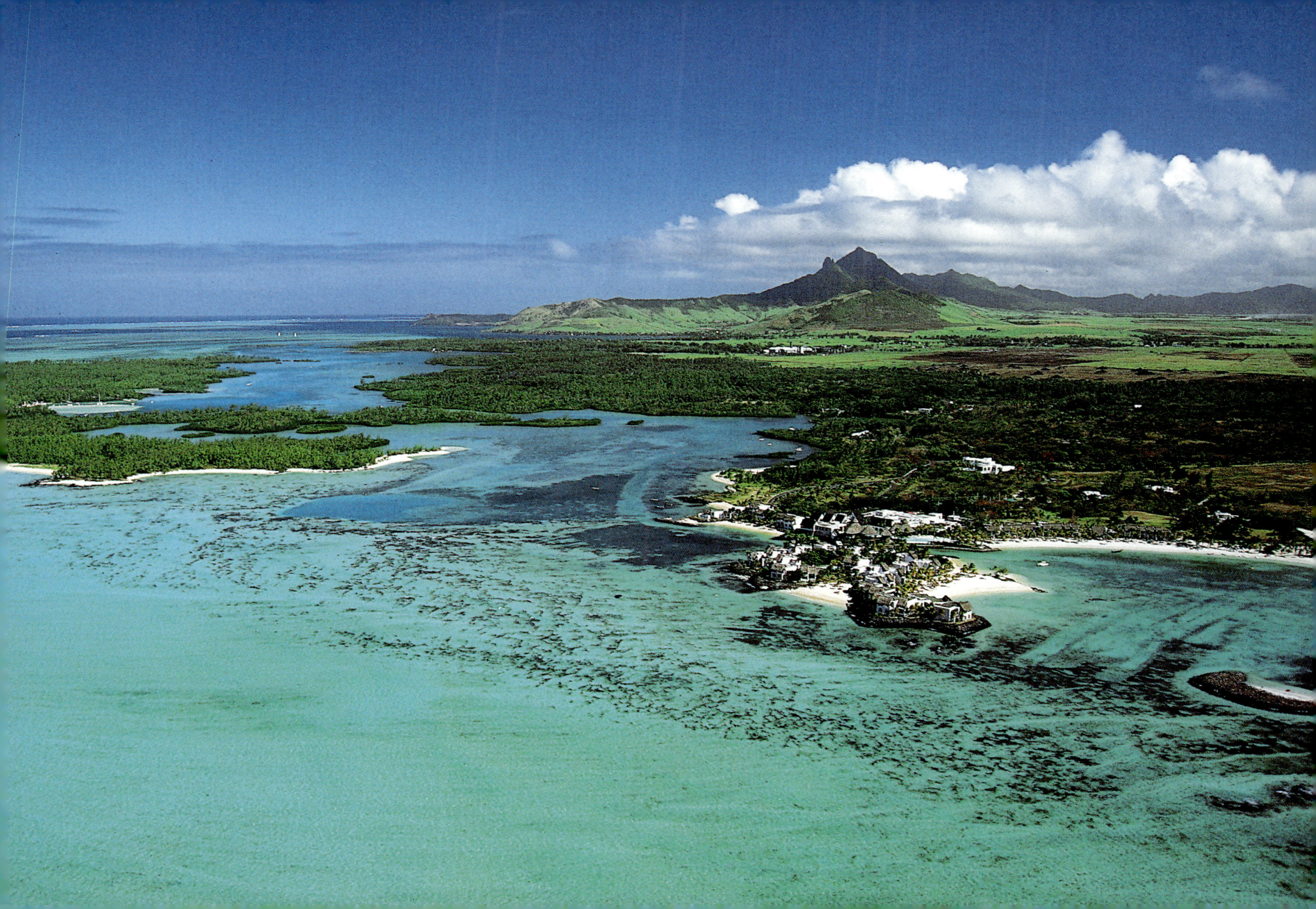

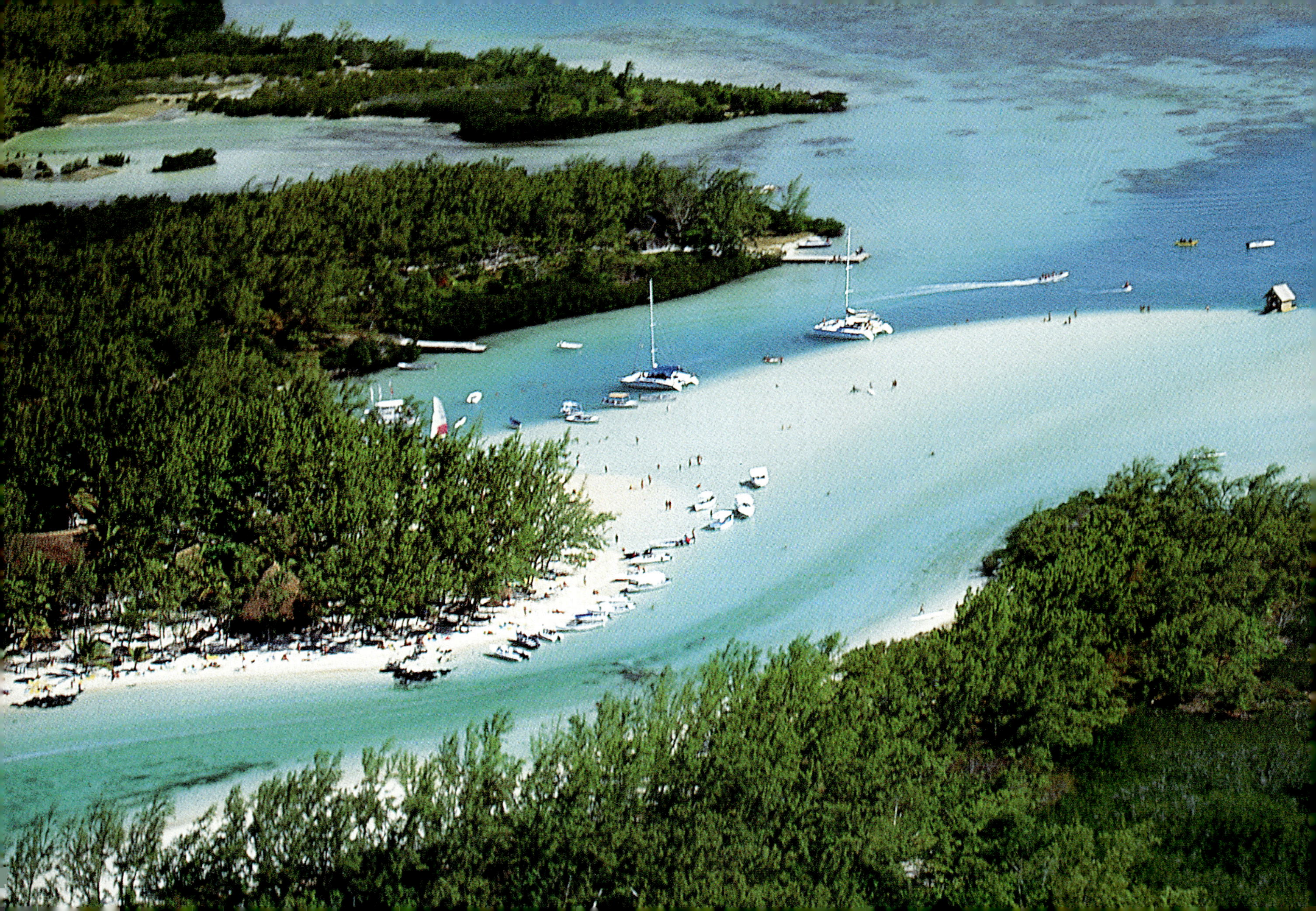

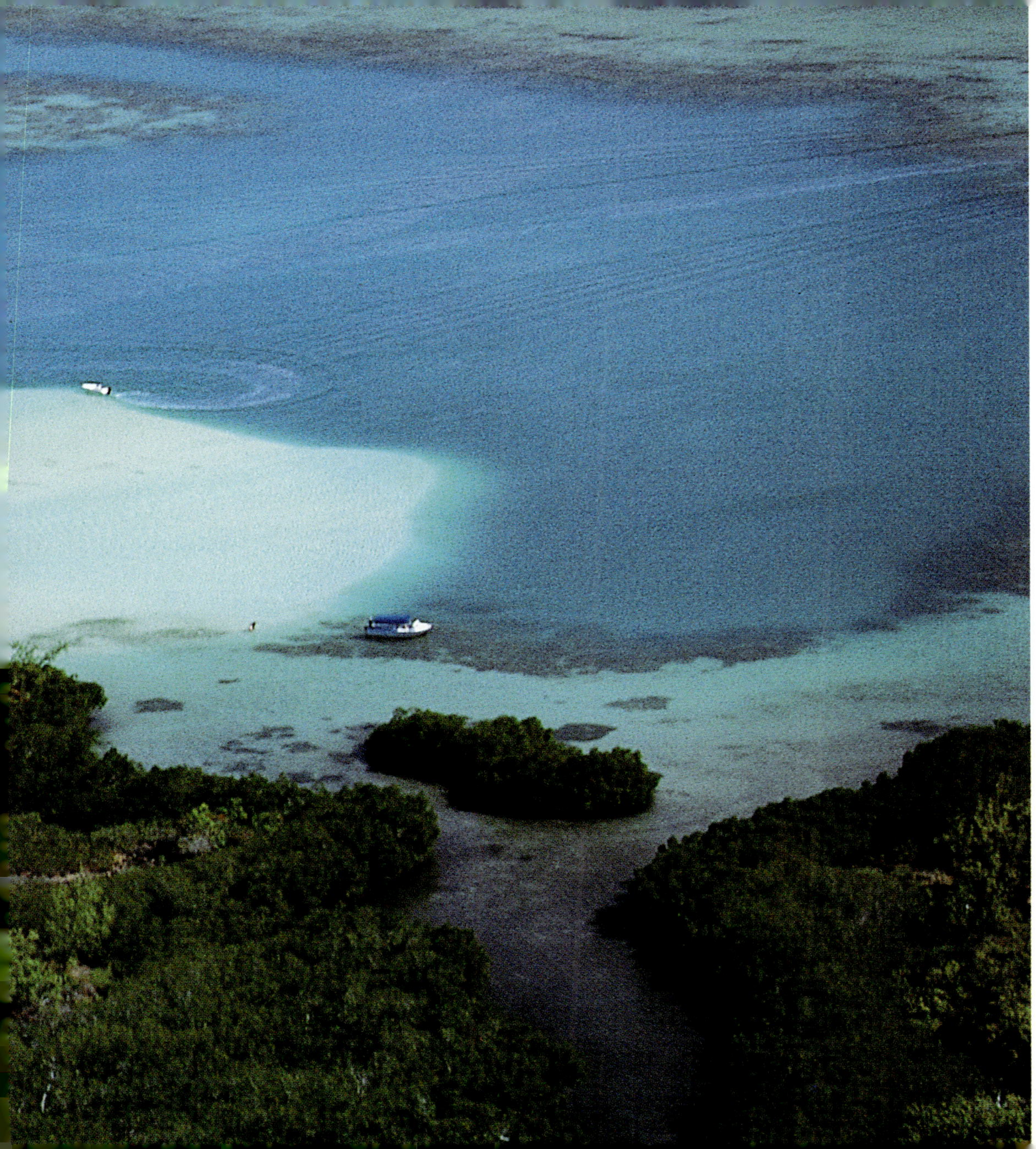

The idyllically situated Ile aux Cerfs (left), a small island opposite Le Touessrok Hotel, is known for its extensive range of watersports and good restaurants.

L'île aux Cerfs (à gauche), idéalement située juste en face de l'hôtel Le Touessrok, est connue pour l'éventail de ses sports aquatiques ainsi que pour ses restaurants.

Die idyllisch gelegene Insel Ile aux Cerfs (links), eine kleine Insel gegenüber vom Le Touessrok Hotel, ist bekannt für ihr großes Angebot an Wassersport und guten Restaurants.

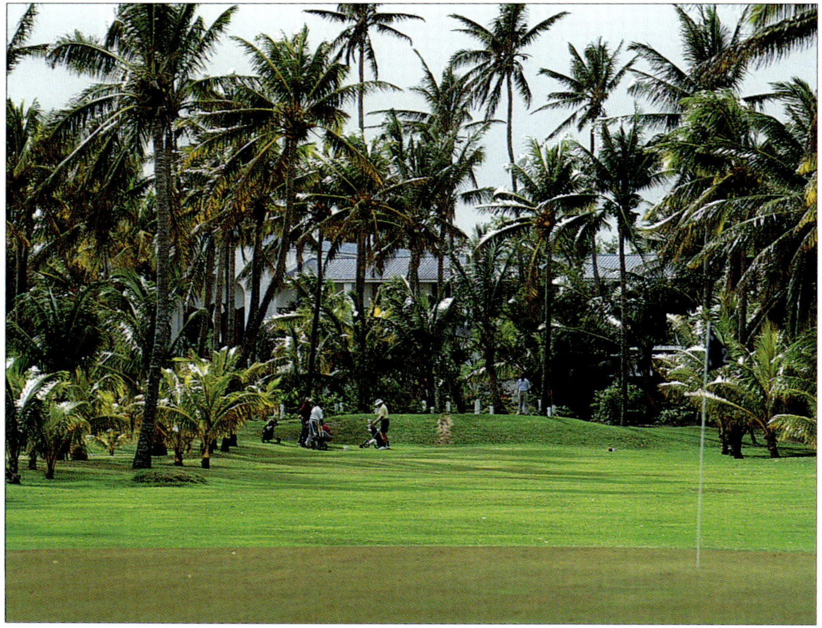

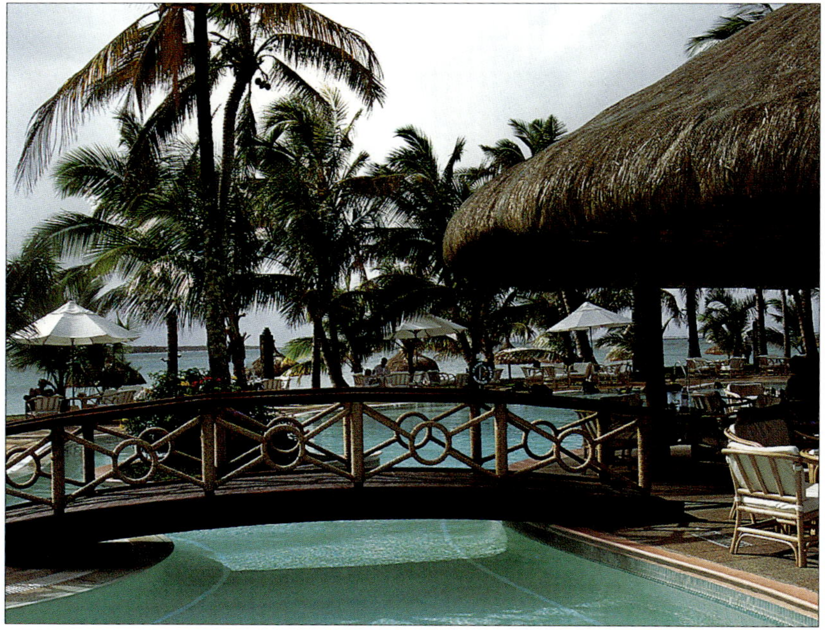

At the tip of the Belle Mare peninsula lies the internationally renowned St Géran Hotel with its casino, golf course (above), poolside restaurant (top right) and long sheltered beach (opposite).

A la pointe de la péninsule de Belle Mare l'hôtel St Géran est célèbre pour son casino, son terrain de golf (ci-dessus), son restaurant au bord de la piscine (en haut à droite) et sa longue plage abritée (ci-contre).

An der Spitze der Belle Mare Halbinsel liegt das berühmte internationale Hotel St. Géran mit Casino, Golfplatz (oben), Restaurant am Schwimmbad (oben links) und ausgedehntem, geschütztem Strand (umseitig).

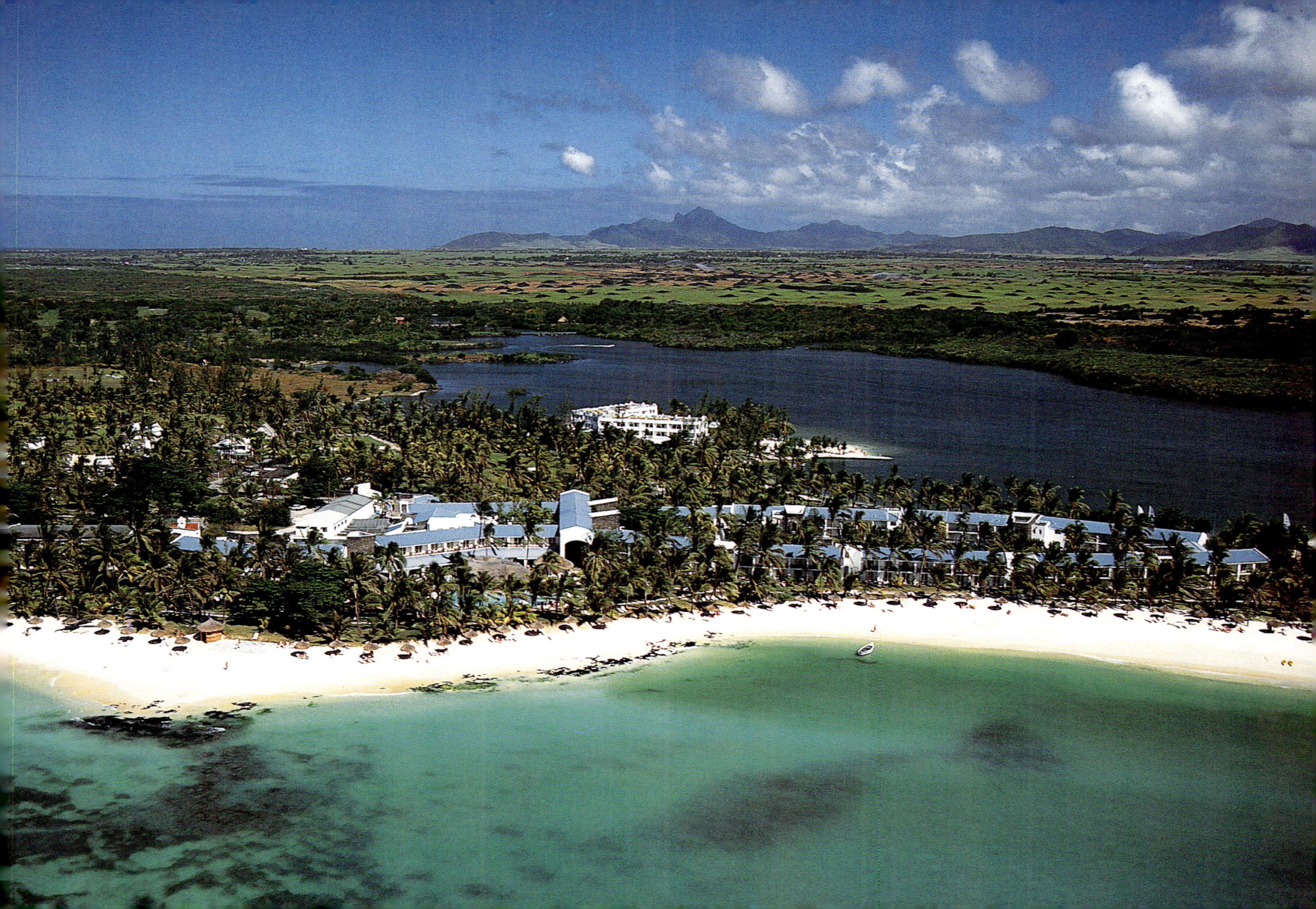

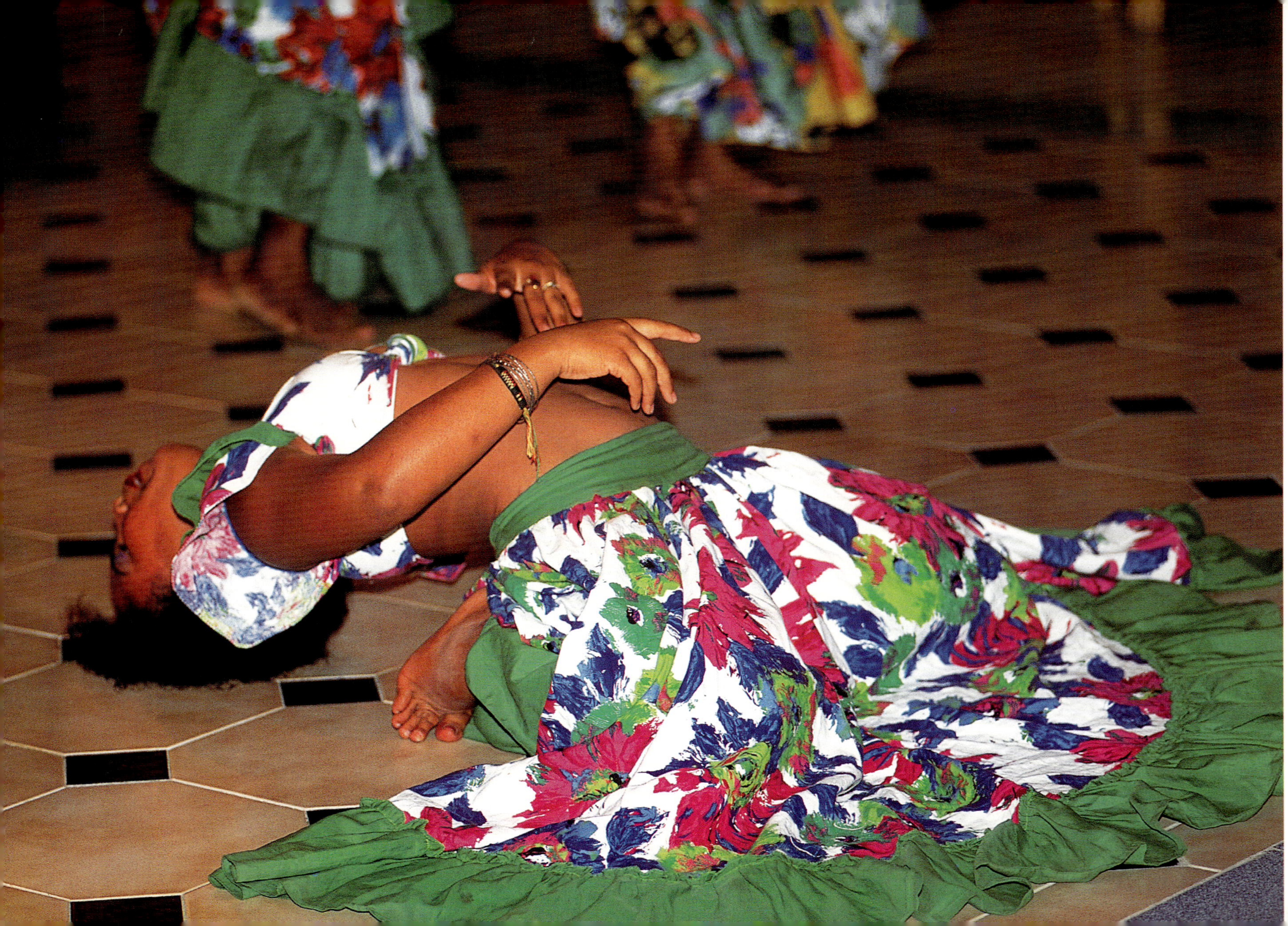

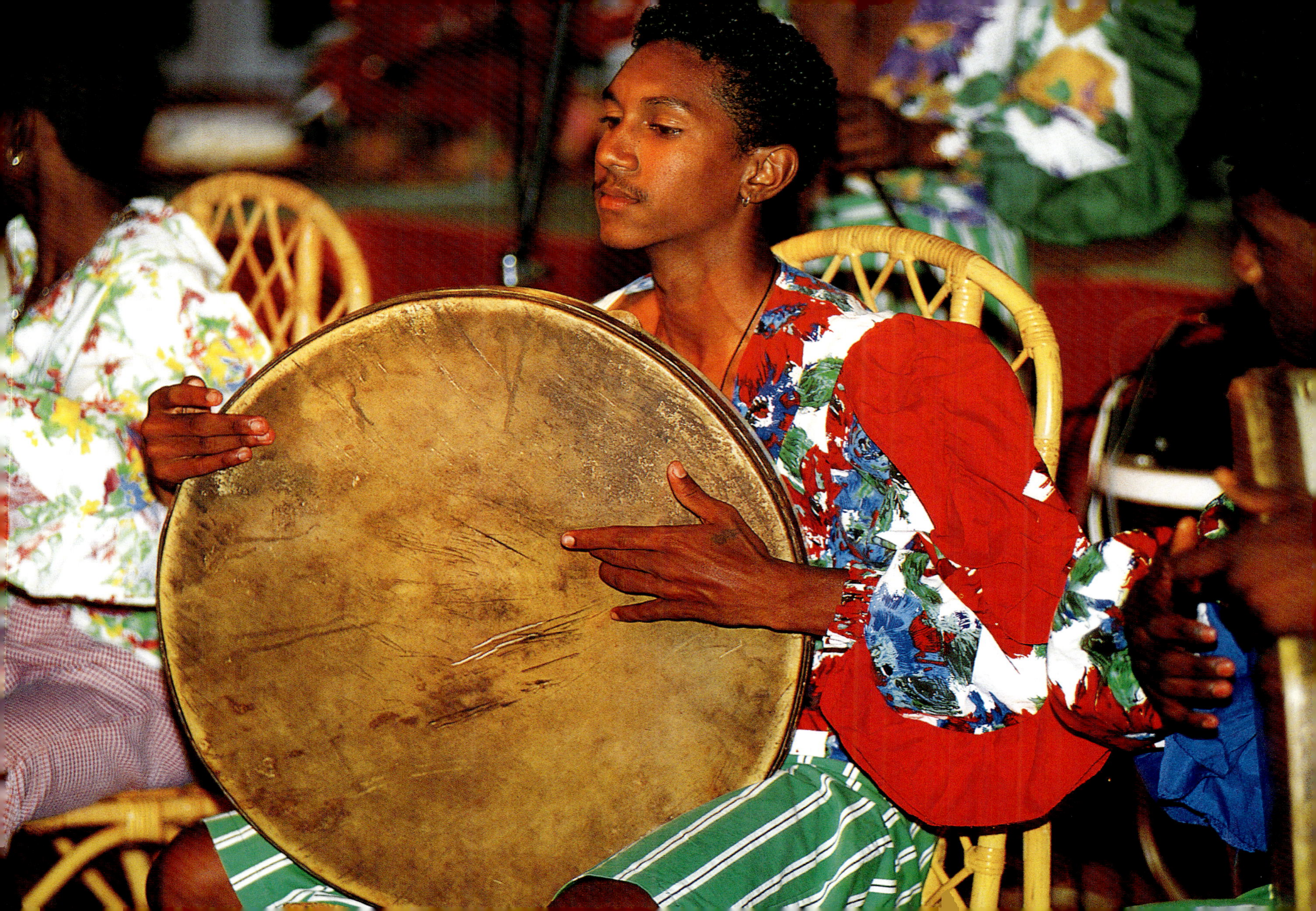

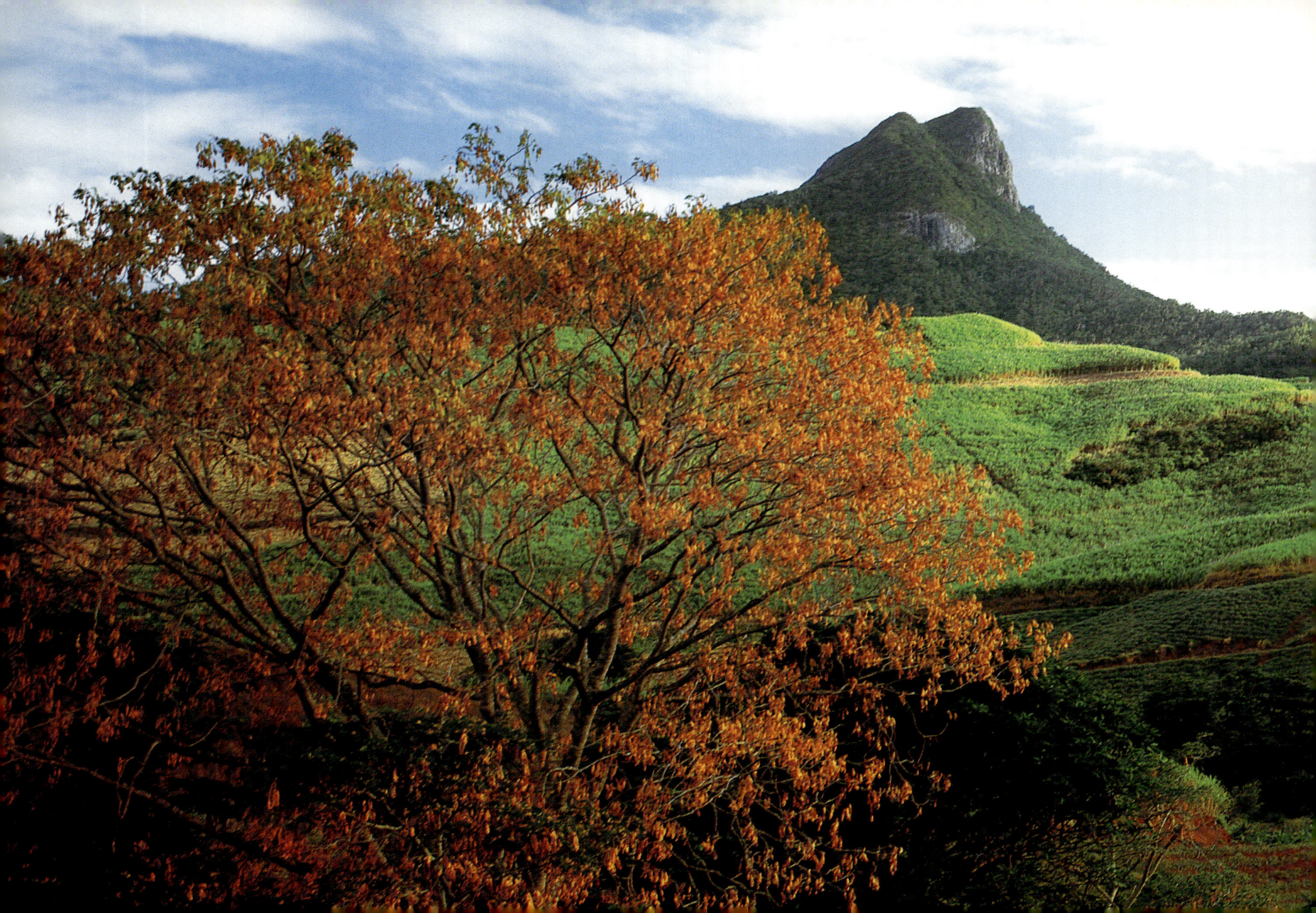

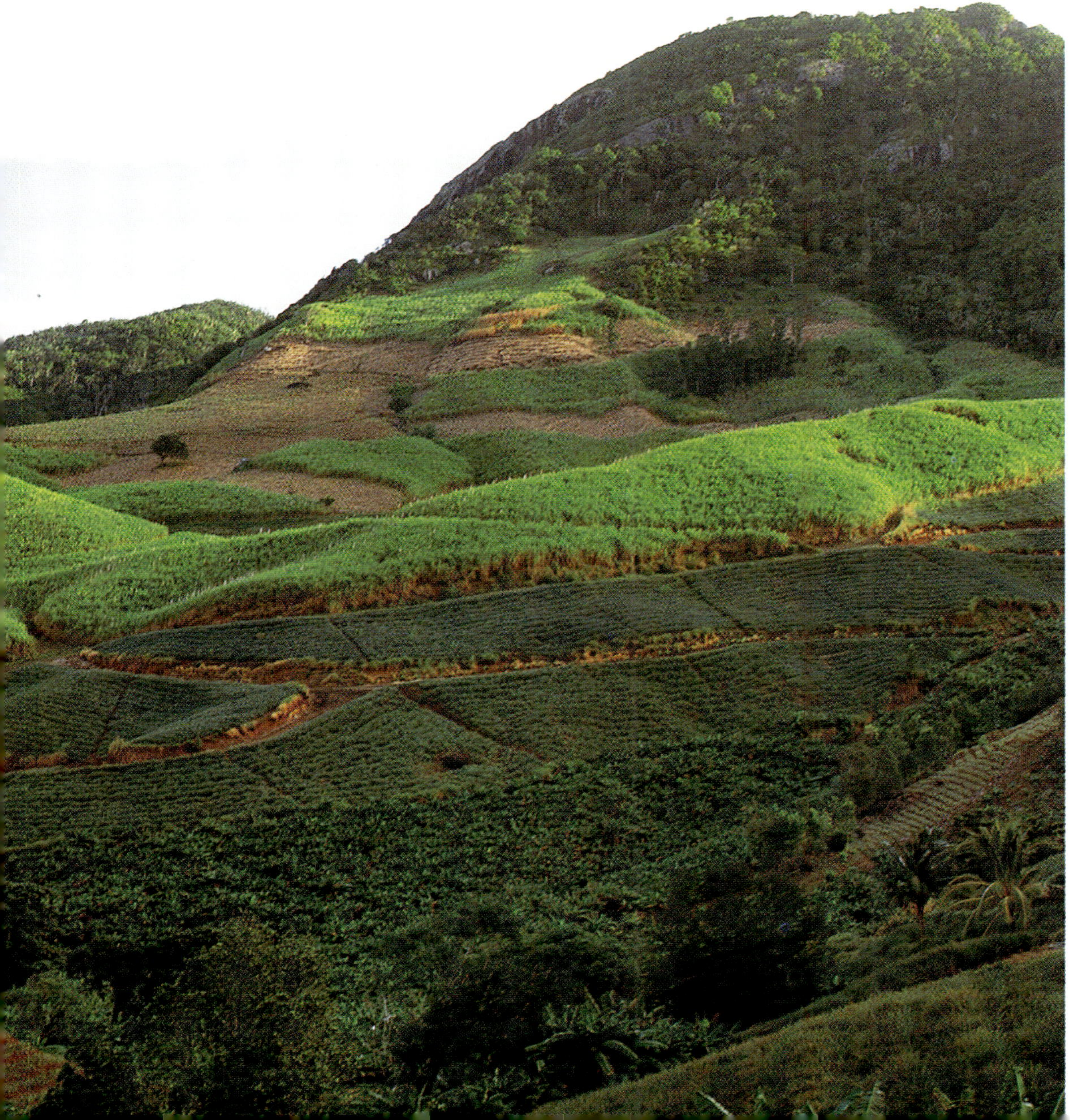

The sega, *a colourful, erotic dance (pages 50–51), has its roots in Creole history and is performed at most of the island's hotels. Domaine du Chasseur (left) is a private nature reserve on the east coast.*

La Sega, *une danse créole (pages 50–51). On peut assister à des spectacles dans la plupart des hôtels de l'île. Le Domaine du Chasseur (à gauche) est une réserve naturelle privée située sur la côte est.*

Der Sega, *ein farbenfreudiger, erotischer Tanz (Seite 50–51), ist in der kreolischen Geschichte verwurzelt und wird in den meisten Hotels auf der Insel aufgeführt. Domaine du Chasseur (links) ist ein privates Naturschutzgebiet an der Ostküste.*

Mahébourg (right), once a busy harbour town, is now mainly visited by those interested in the country's maritime history.

Mahébourg (à droite), autrefois une ville portuaire active, attire principalement aujourd'hui les amateurs d'histoire maritime.

Mahébourg (rechts) war einst eine rege Hafenstadt, aber jetzt kommen meist Besucher, die an Seefahrtsgeschichte interessiert sind.

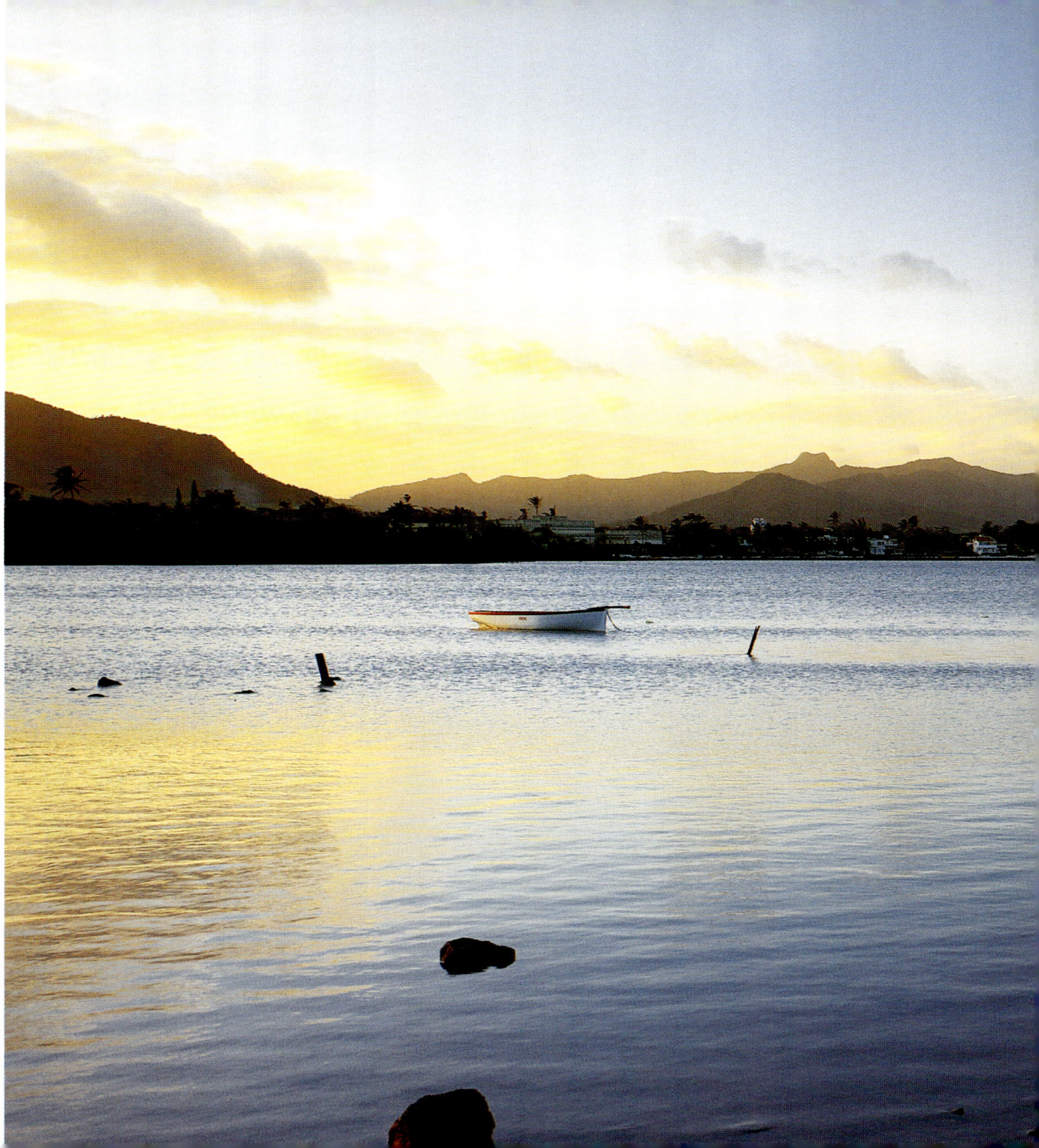

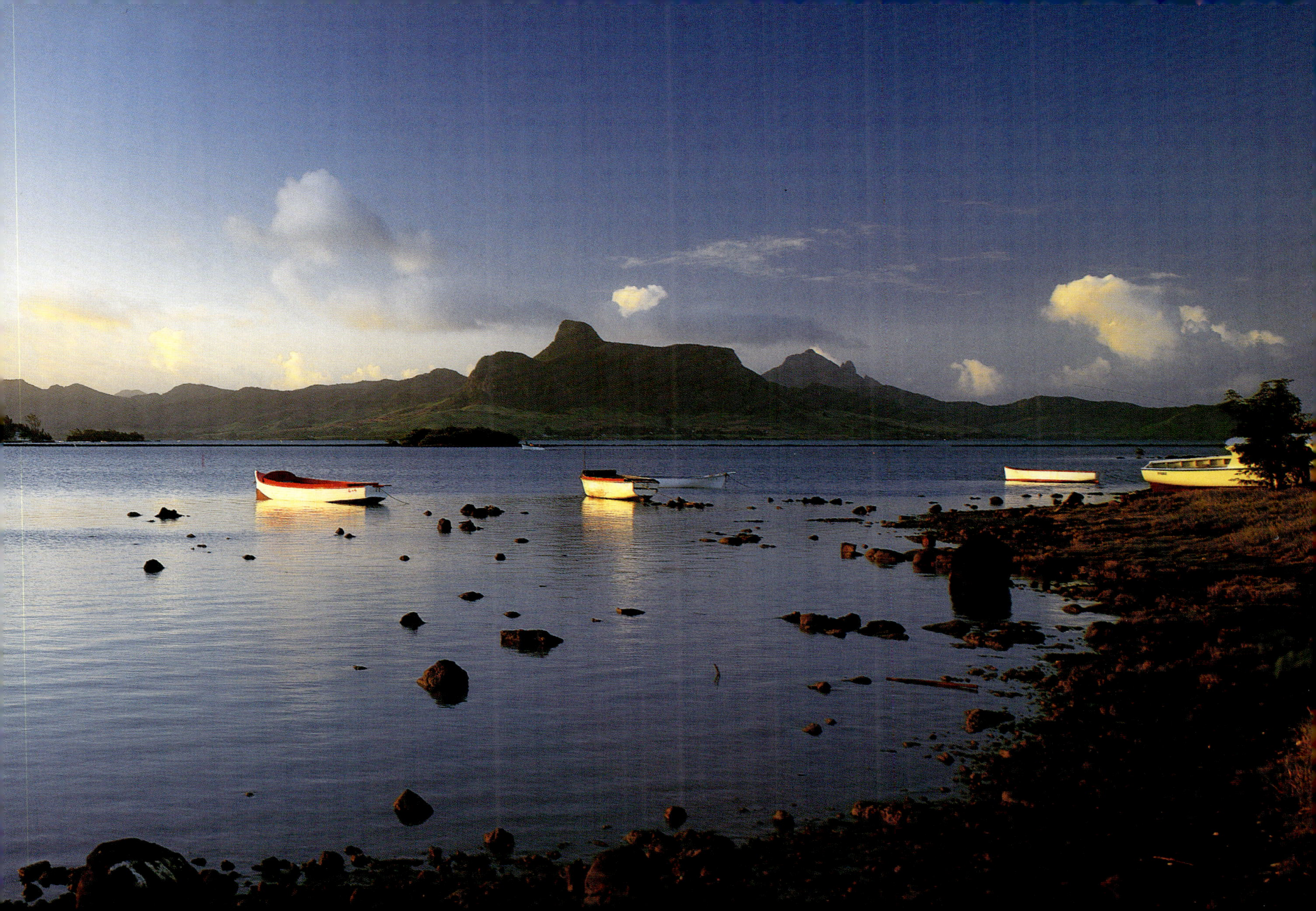

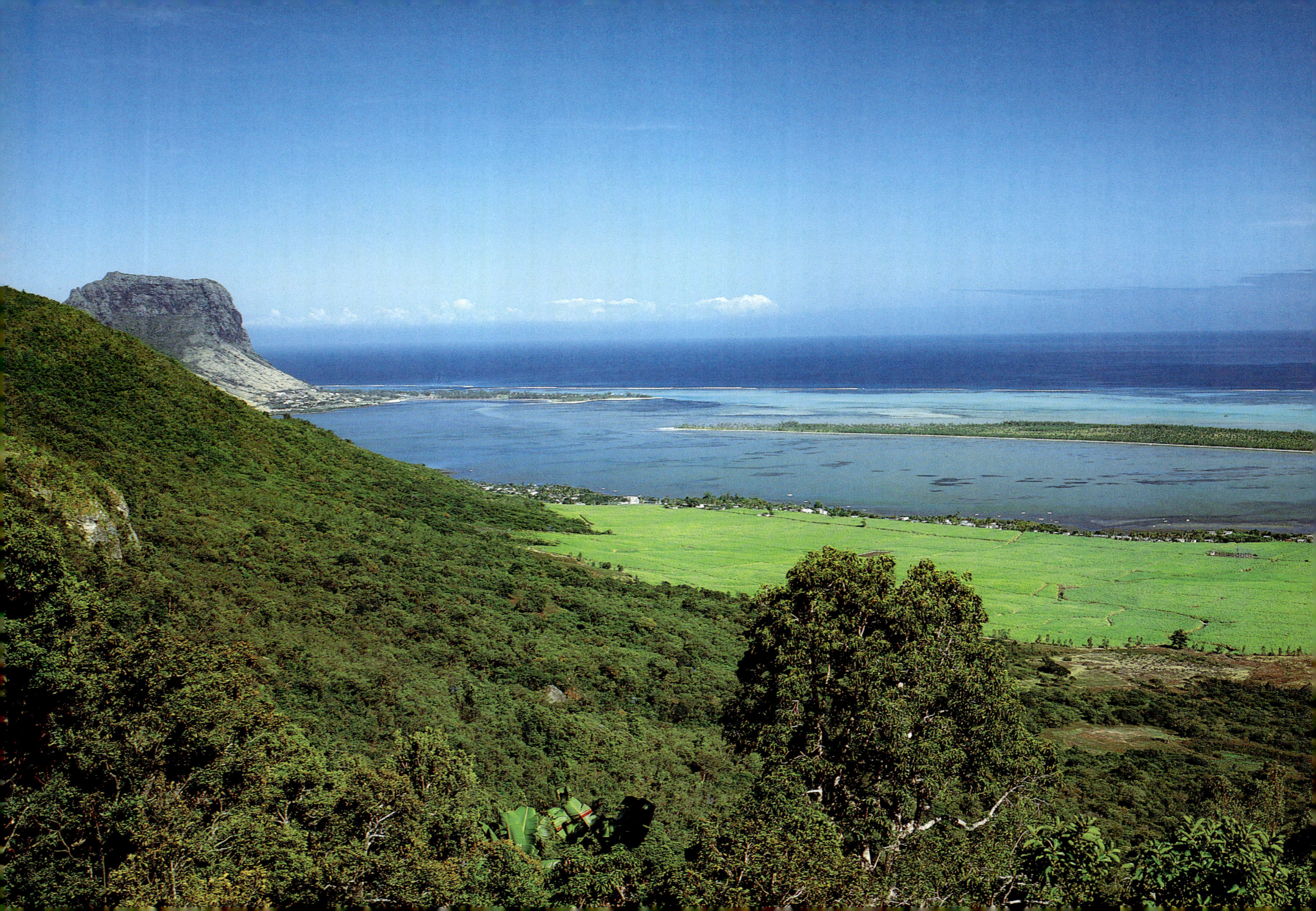

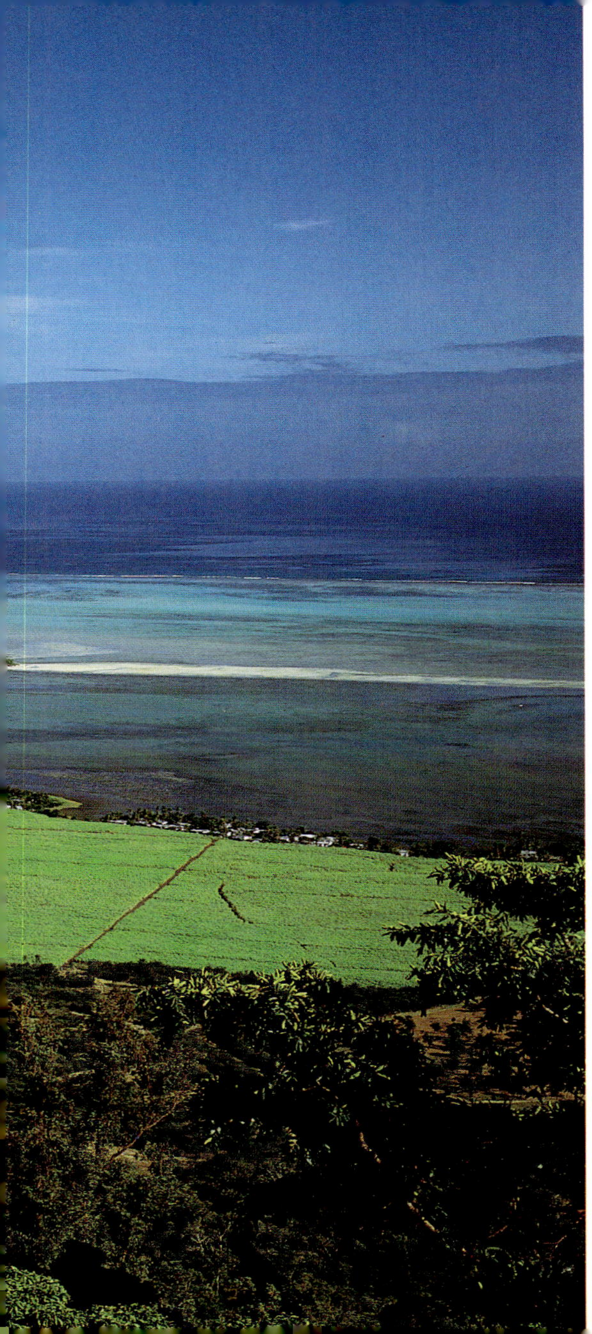

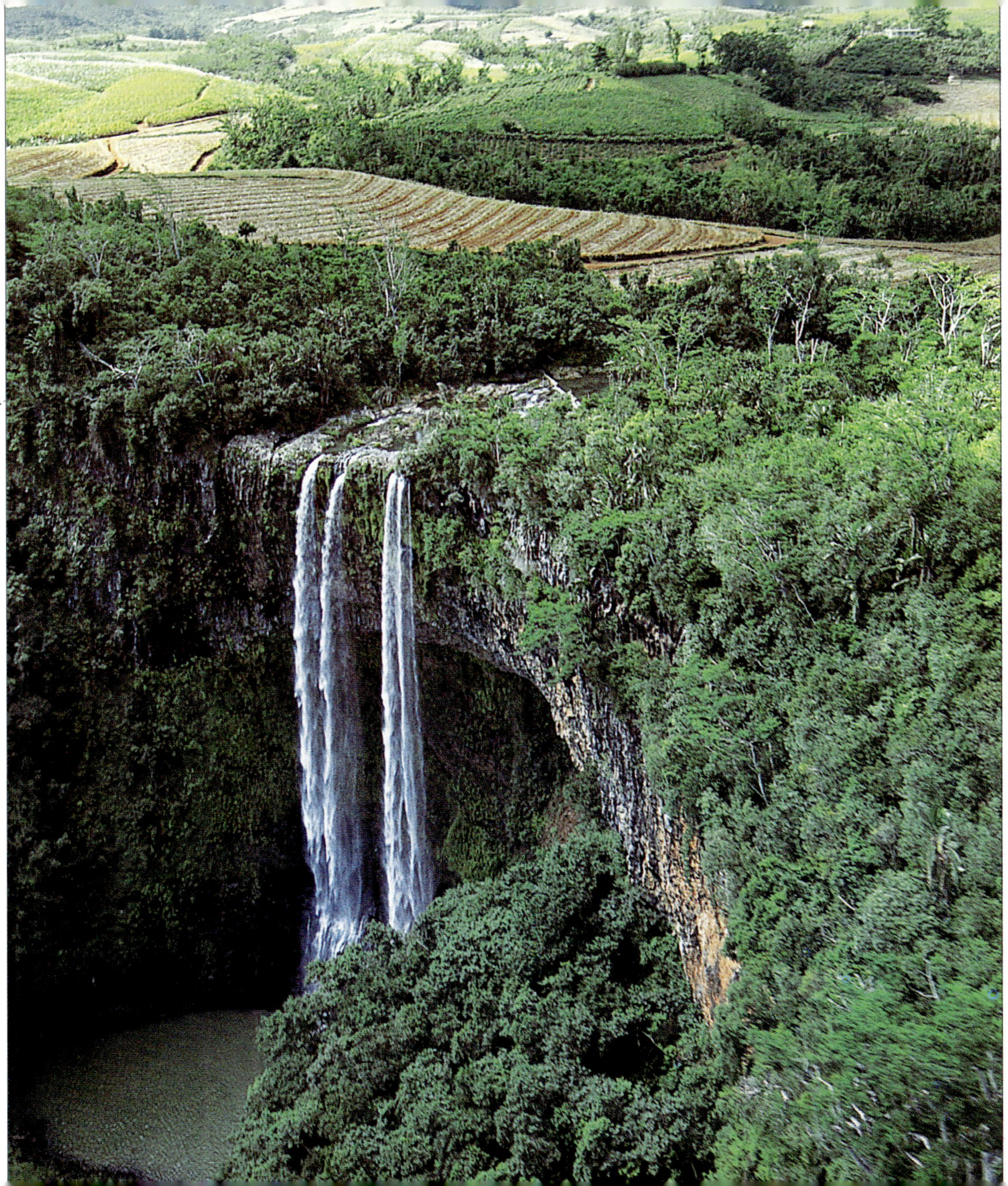

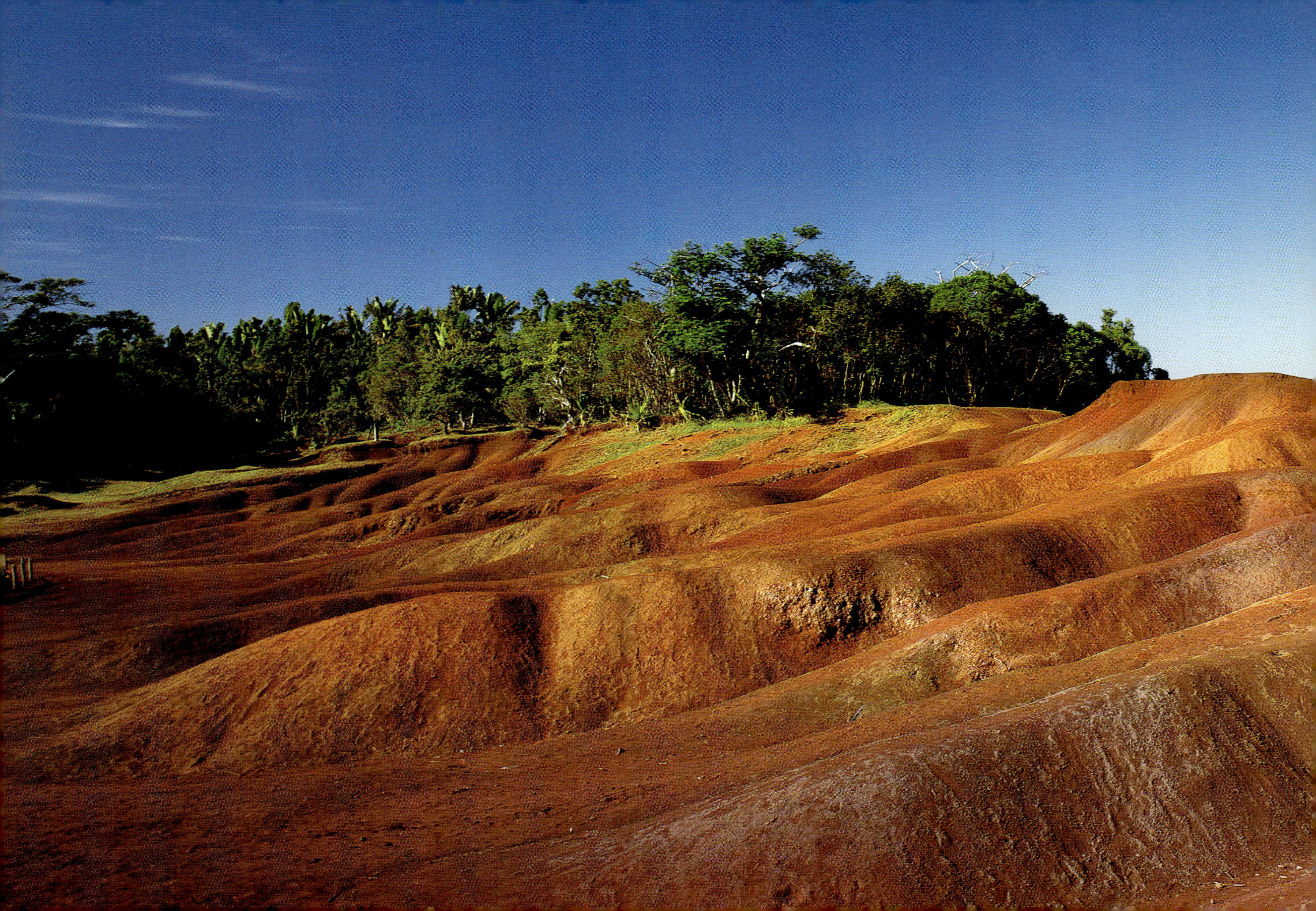

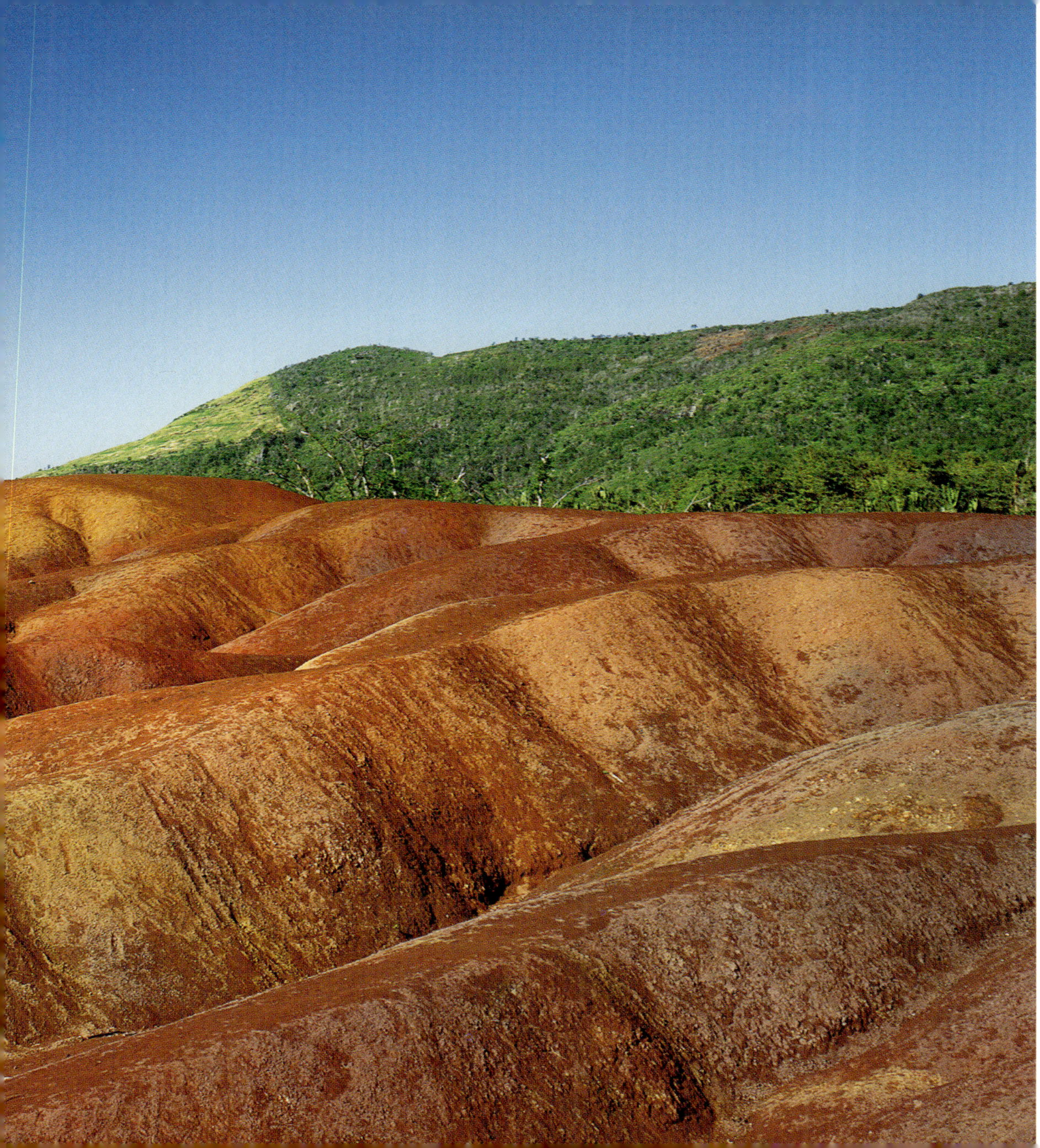

A panoramic view from Chamarel to Ile aux Bénitiers (page 56). Charmarel is known for its beautiful falls (page 57) but especially for its unusual Coloured Earths (left), dunes made up of shades of purple, yellow, blue and rust.

Vue panoramique de Chamarel jusqu'à l'île aux Bénitiers (page 56). Chamarel est connue pour ses splendides chutes (page 57) et surtout pour ses étranges Coloured Earths (à gauche), des dunes aux teintes variées: mauve, jaune, bleu et couleur rouille.

Panoramablick vom Chamarel zur Ile aux Bénitiers (Seite 56). Chamarel ist bekannt für seine prachtvollen Wasserfälle (Seite 57) aber mehr noch für die ungewöhnliche 'Bunte Erde' (links), Dünen in Farbschattierungen von Violett, Gelb, Blau und Rostrot.

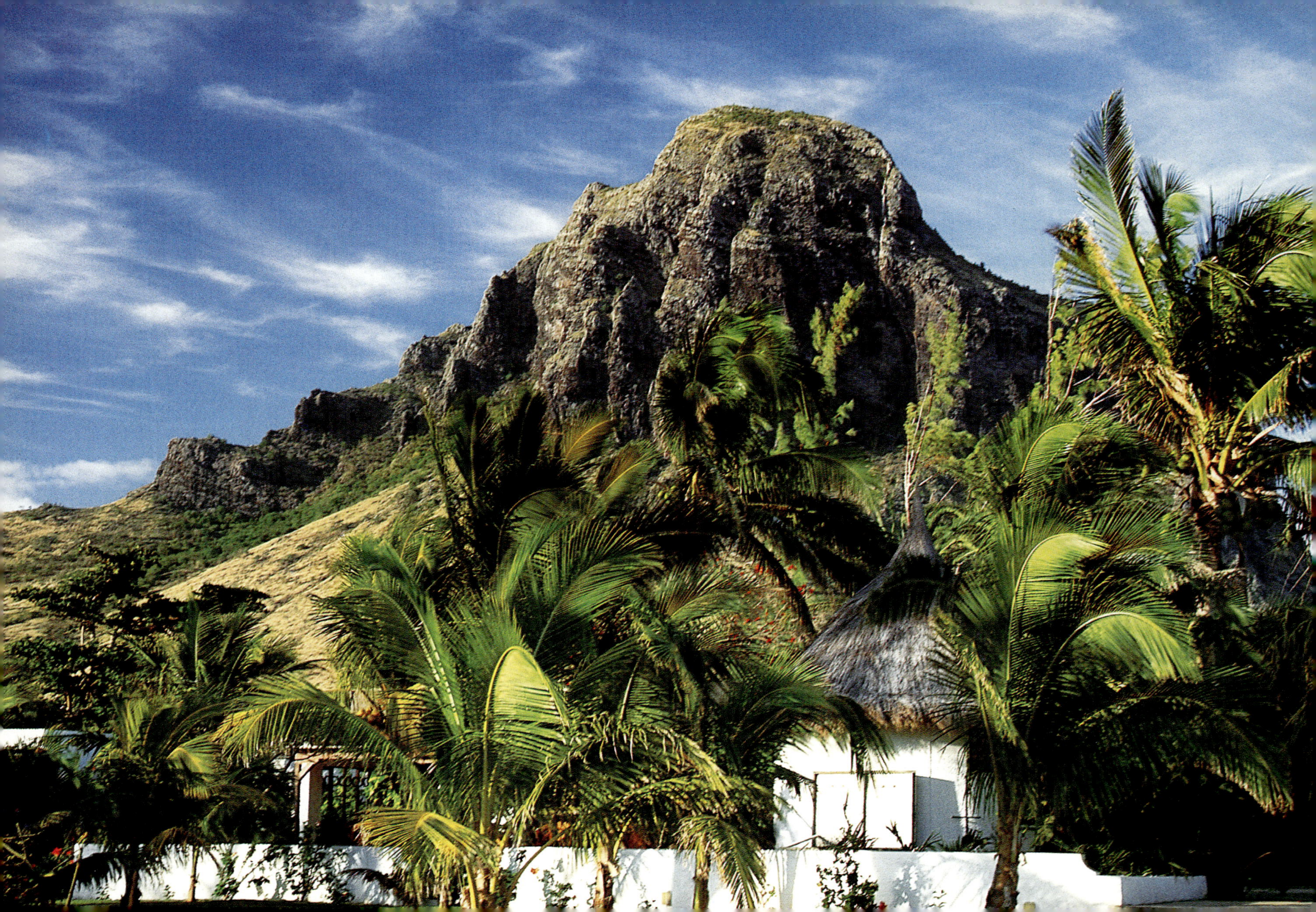

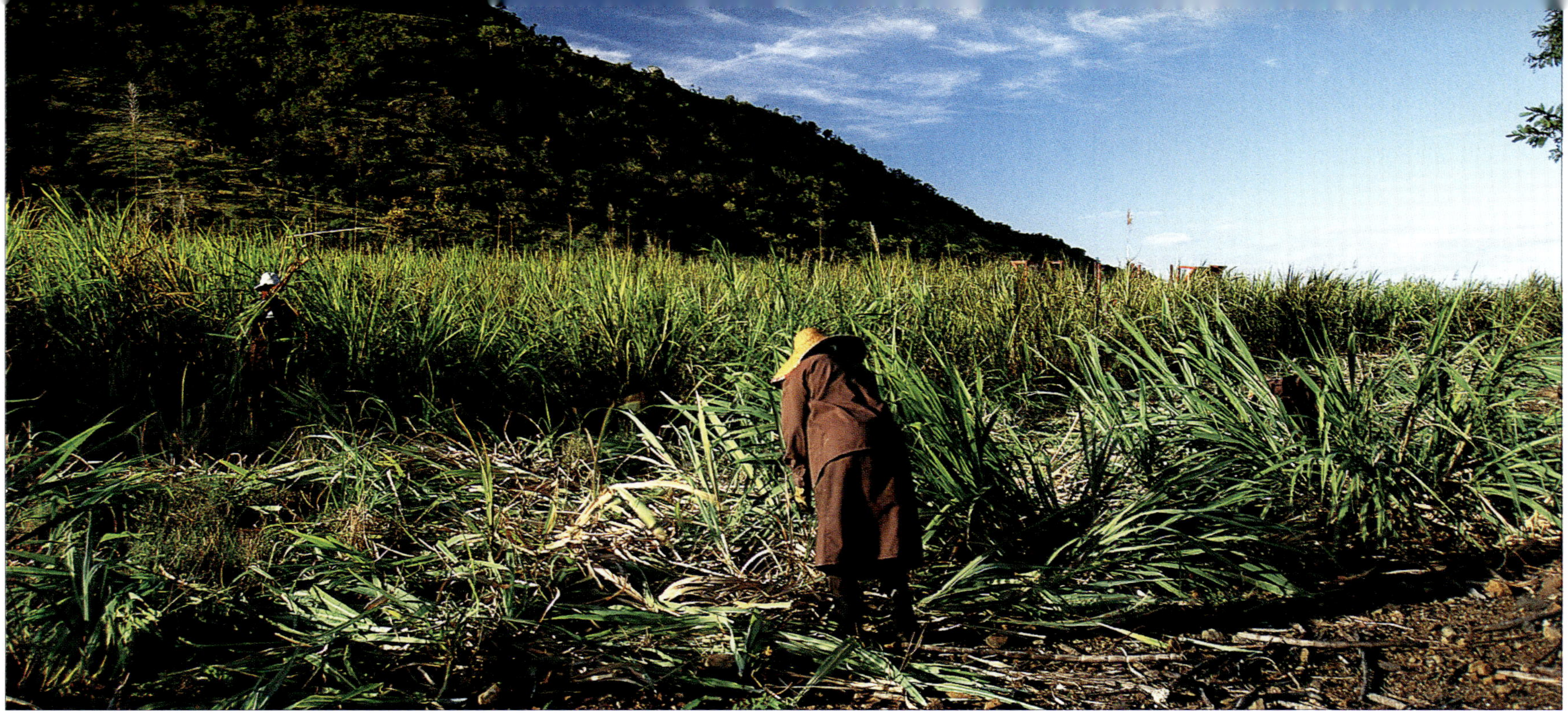

Sugar plantations at Le Morne (above), the most westerly point on Mauritius. Le Morne is recognized by its distinctive flat-topped mountain of Le Morne Brabant (opposite).

Le Morne et ses plantations de canne à sucre (ci-dessus), l'extrémité la plus occidentale de Maurice. On reconnaît Le Morne grâce au sommet plat si caractéristique du Le Morne Brabant (ci-contre).

Zuckerrohrplantagen bei Le Morne (oben), an der Westspitze von Mauritius, erkennbar an dem tafelbergartigen Le Morne Brabant (umseitig).

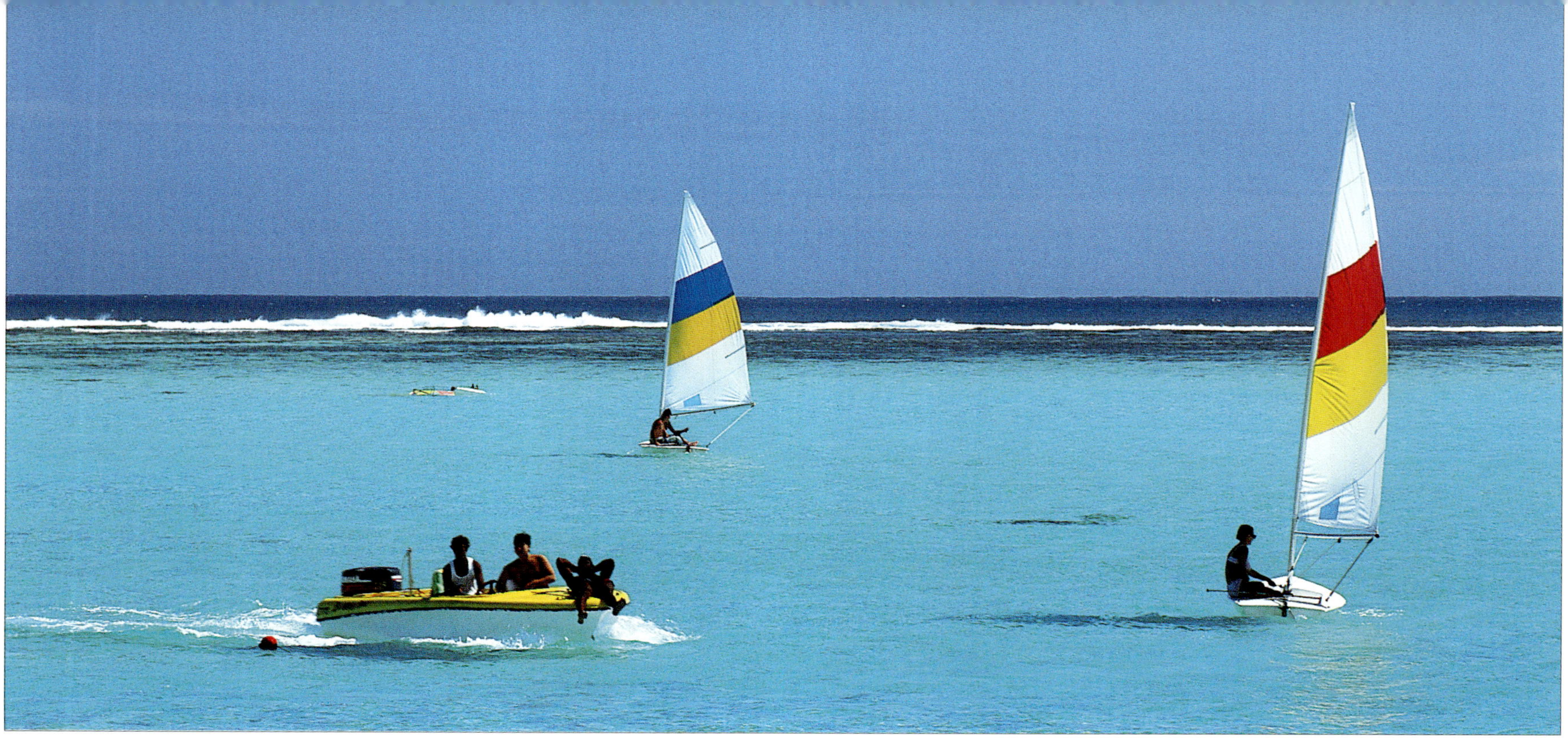

A variety of watersports (above) are offered by the Brabant Hotel.
Baie du Cap (opposite) near Souillac on the rugged, wild south coast.

A l'hôtel Brabant on peut pratiquer toutes sortes de sports aquatiques.
La Baie du Cap (ci-contre) près de Souillac située sur la côte sud sauvage et déchiquetée.

Das Hotel Brabant bietet verschiedene Wassersportarten (oben) an.
Baie du Cap (umseitig) bei Souillac an der zerklüfteten, wilden Südküste.

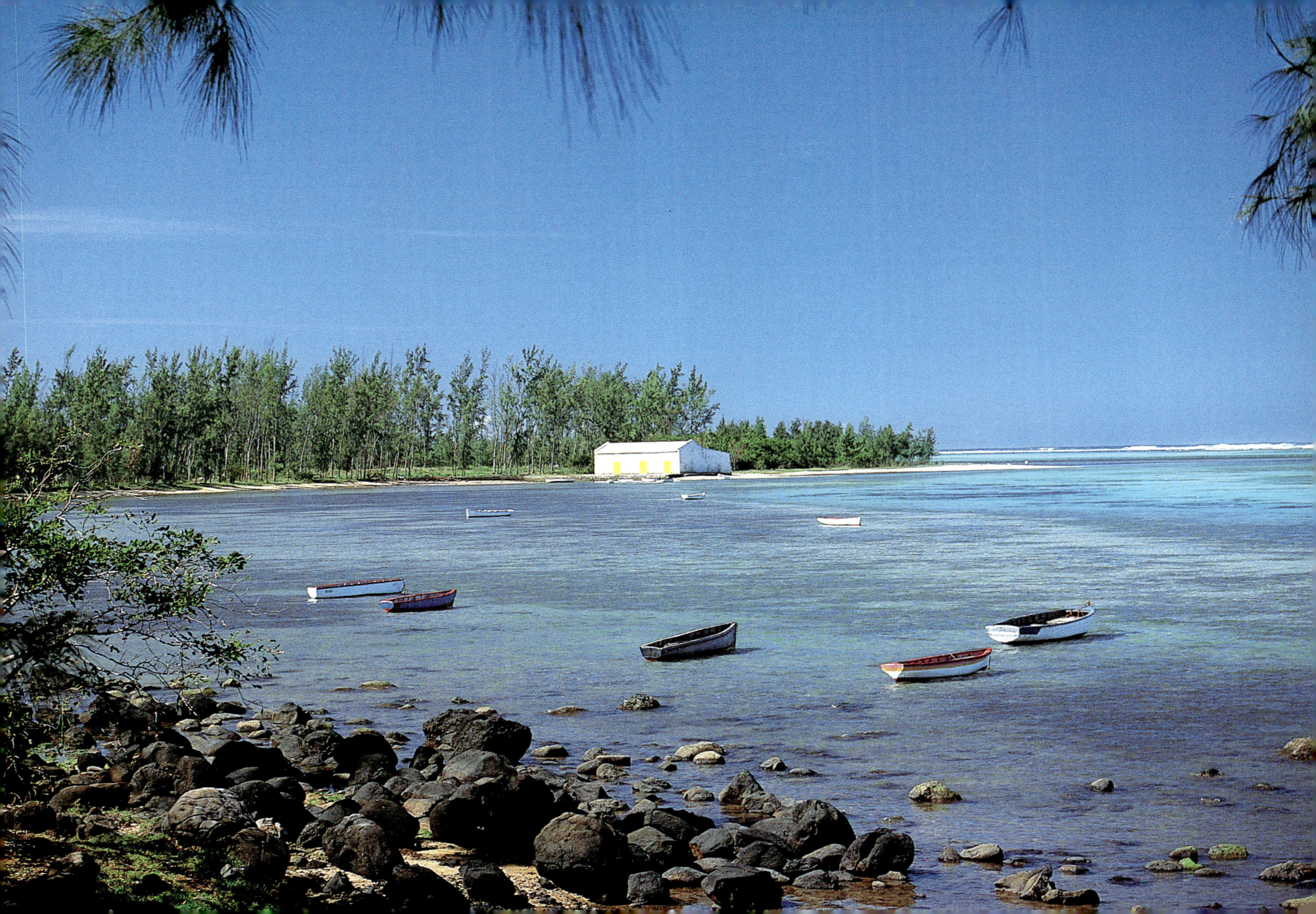

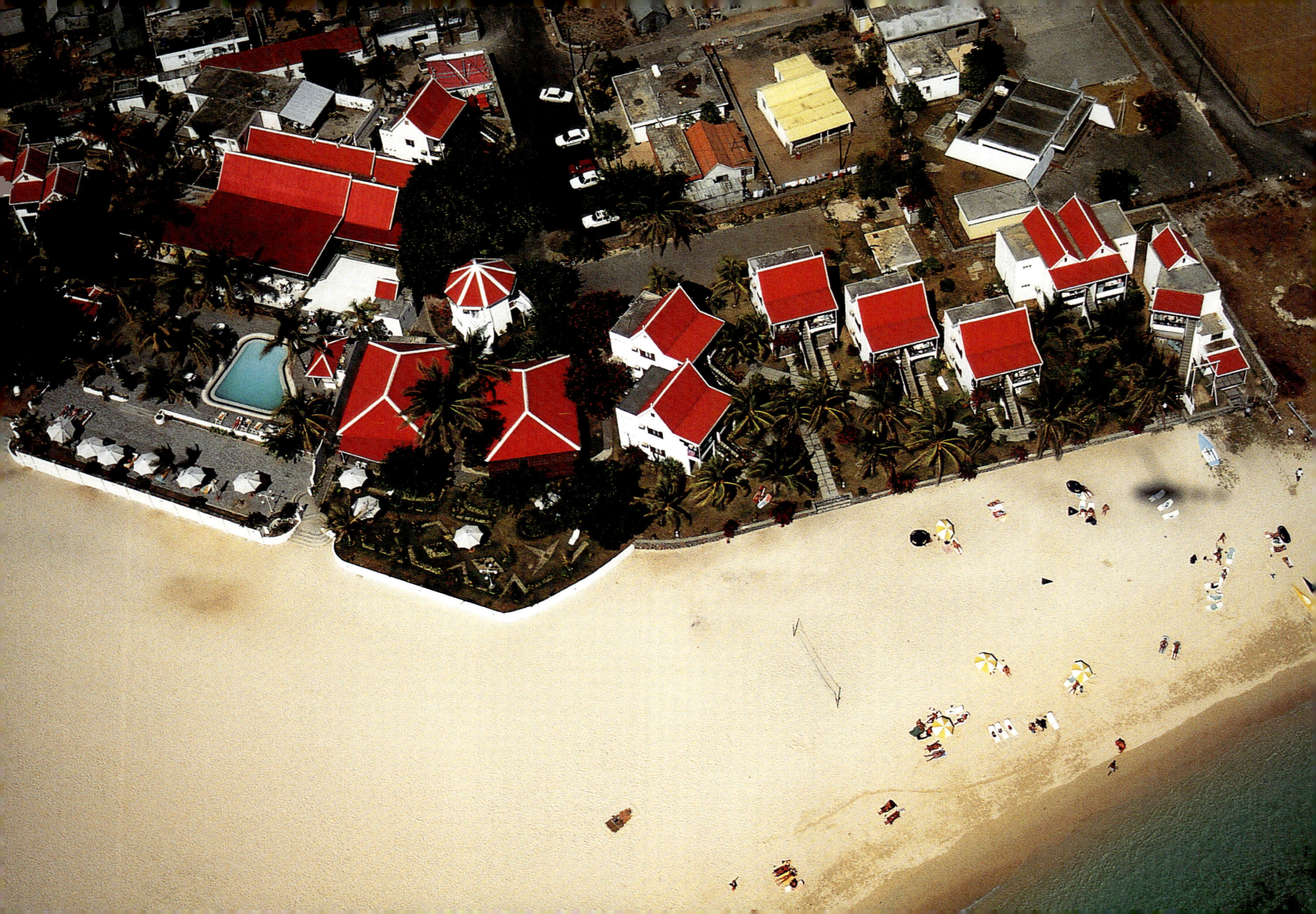

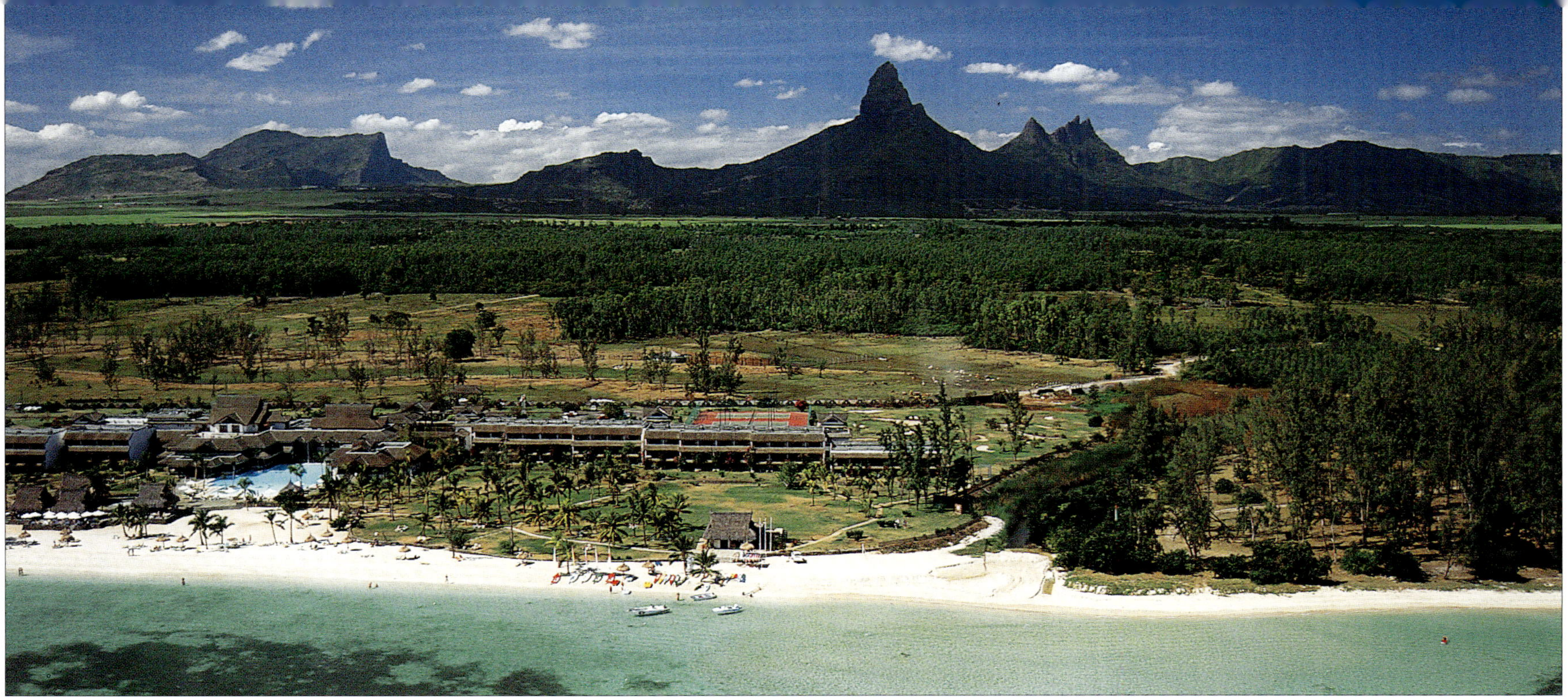

Villas Caroline (opposite) at Flic en Flac (above), a bustling holiday village with excellent diving opportunities.

Villas Caroline (ci-contre) à Flic en Flac (ci-dessus), est une station balnéaire réputée pour la plongée sous-marine.

Villas Caroline (umseitig) bei Flic en Flac (oben), ein quirliger Ferienort mit ausgezeichneten Tauchmöglichkeiten.

The salt pans at Tamarin (right). Salt is extracted by means of solar evaporation and then placed in large rectangular pans.

Les marais salants de Tamarin (à droite). Le sel, extrait par évaporation solaire, est ensuite placé dans de grands plans rectangulaires.

Die Salzpfannen bei Tamarin (rechts). Das Salz wird durch Sonnenverdunstung gewonnen und in großen rechteckigen Pfannen gelagert.

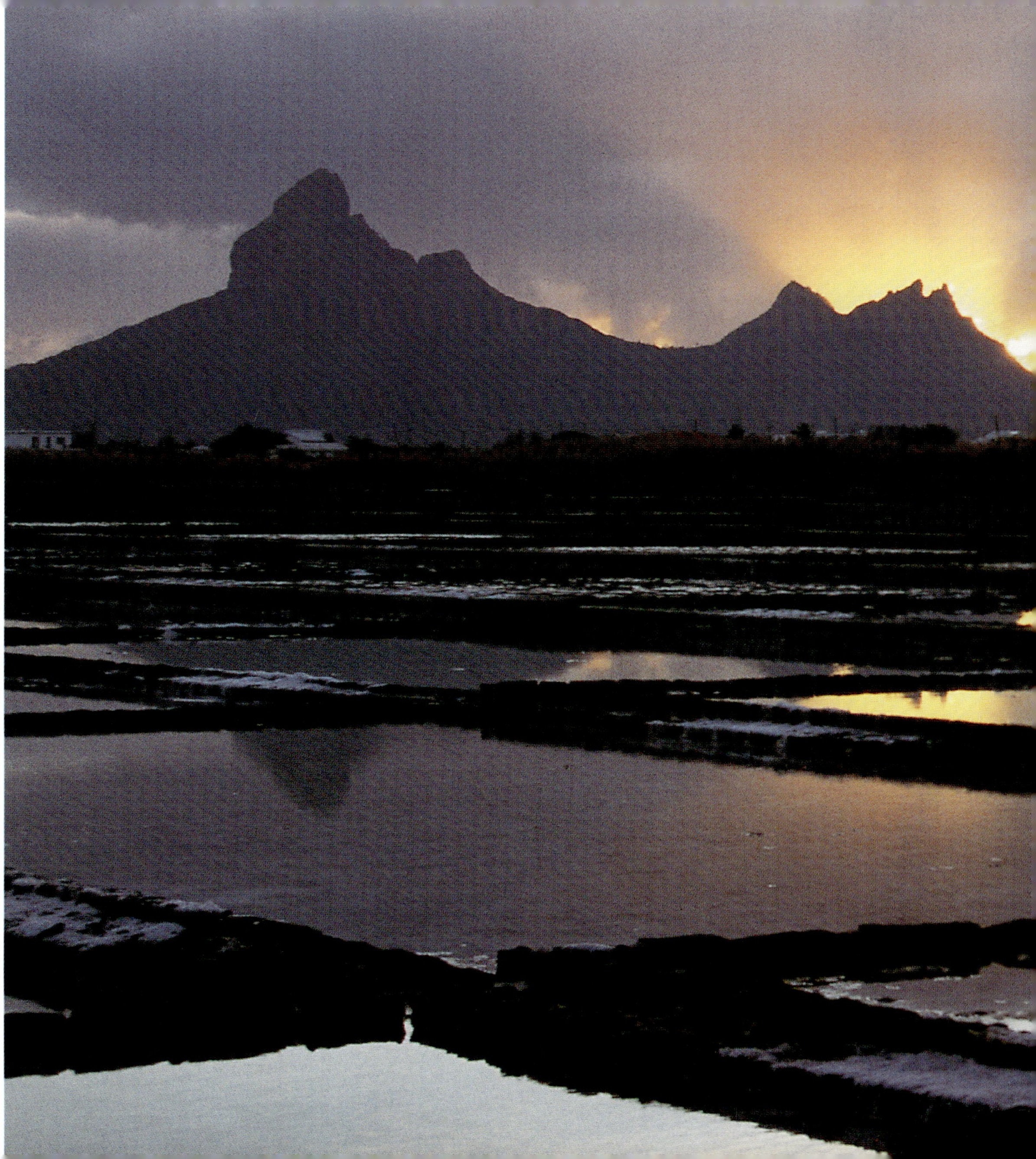

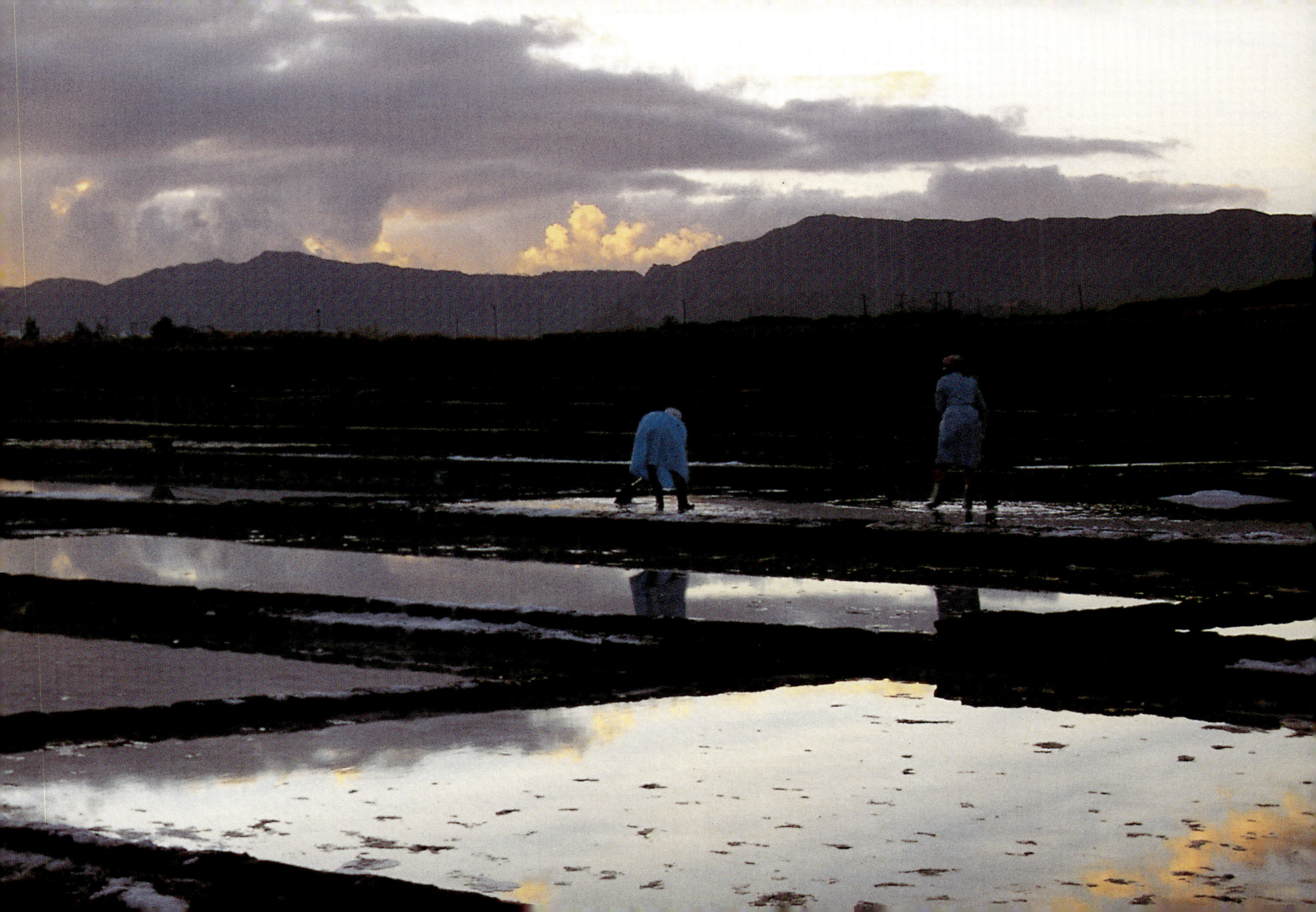

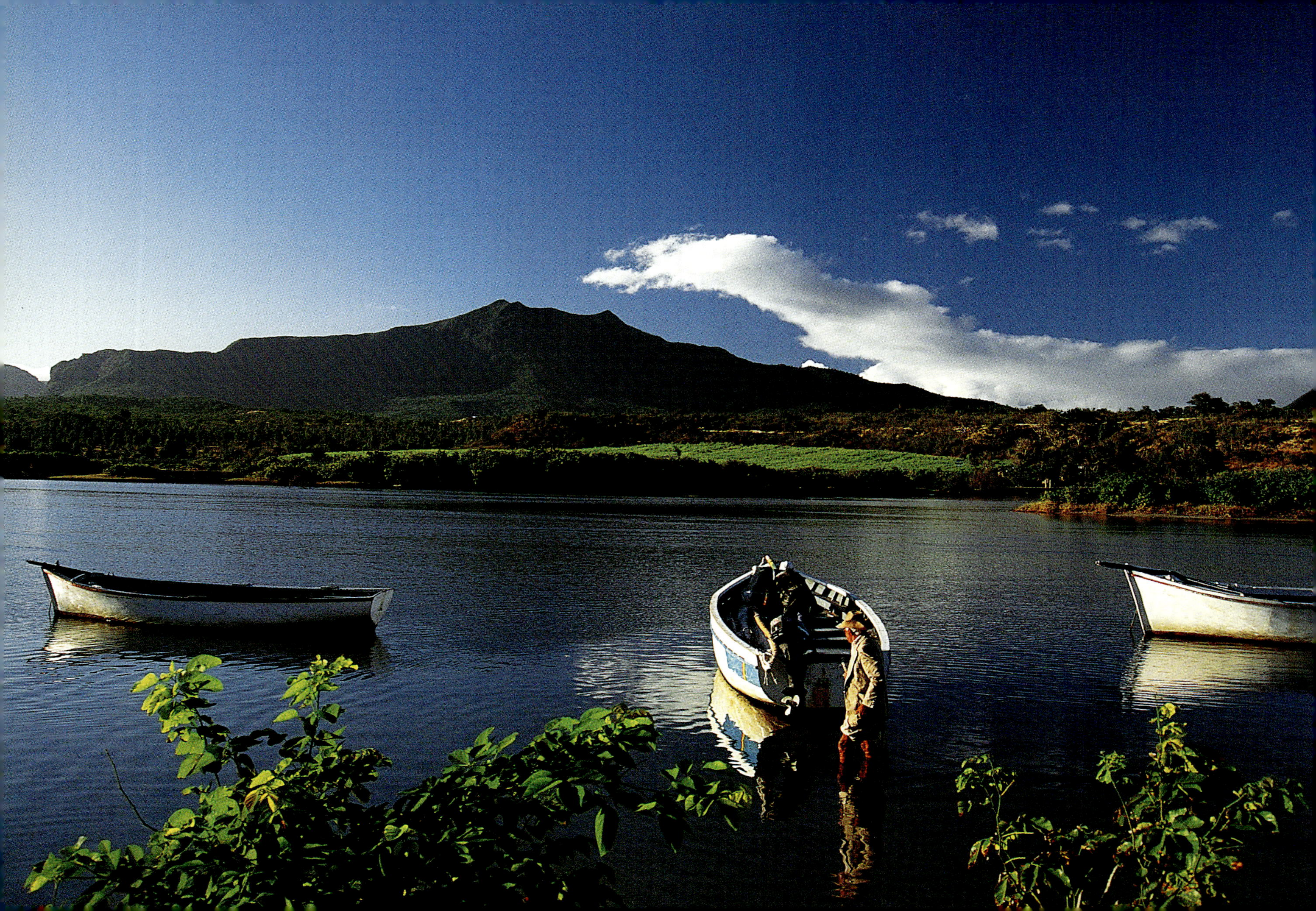

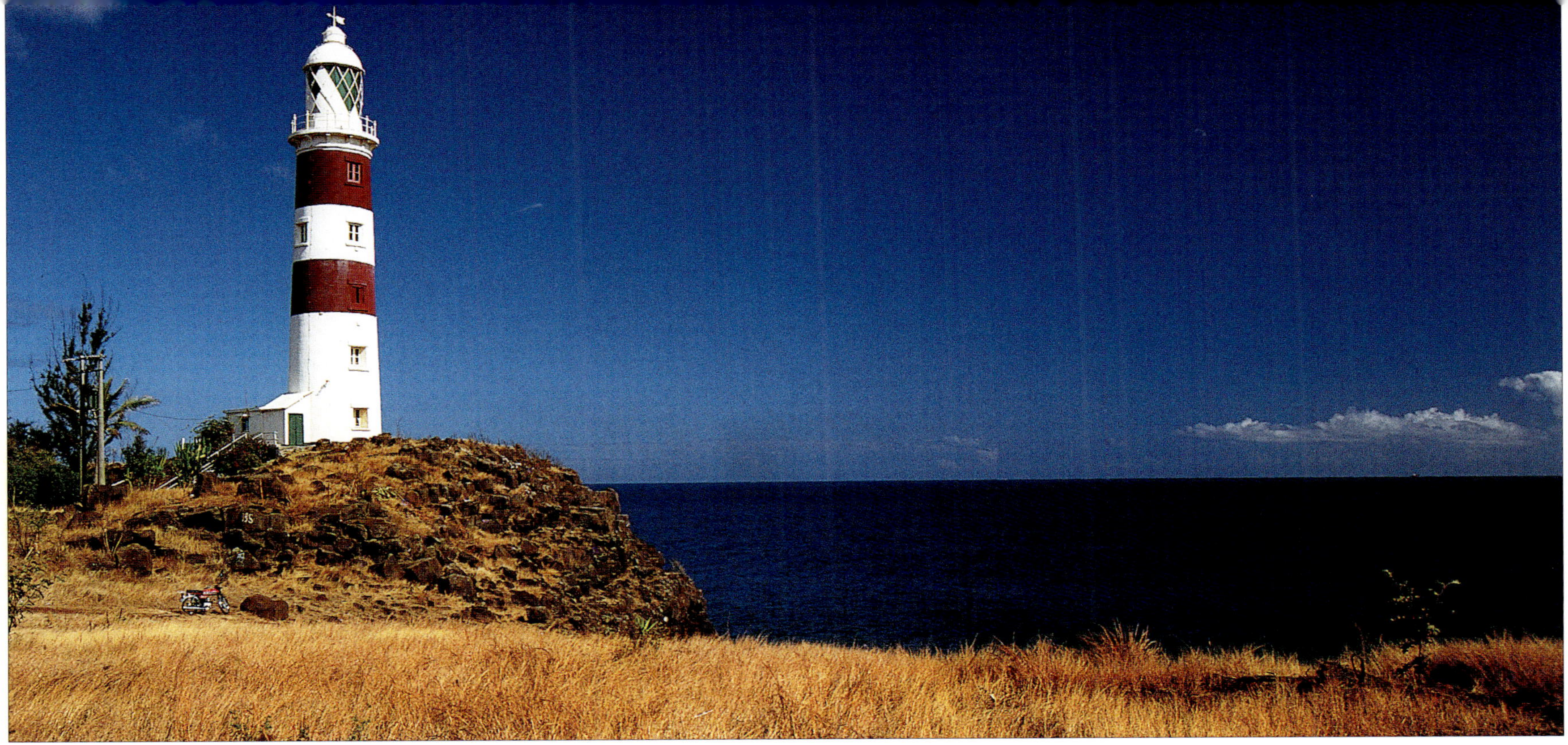

The tranquil Grande Rivière Noire, or Black River (opposite), and Pointe aux Caves lighthouse (above) along the west coast.

La paisible Grande Rivière Noire (ci-contre), et le phare de Pointe aux Caves (ci-dessus) le long de la côte ouest.

Der friedliche Grande Rivière Noire, der Schwarze Fluß (umseitig), und der Leuchtturm von Pointe aux Caves (oben) an der Westküste.

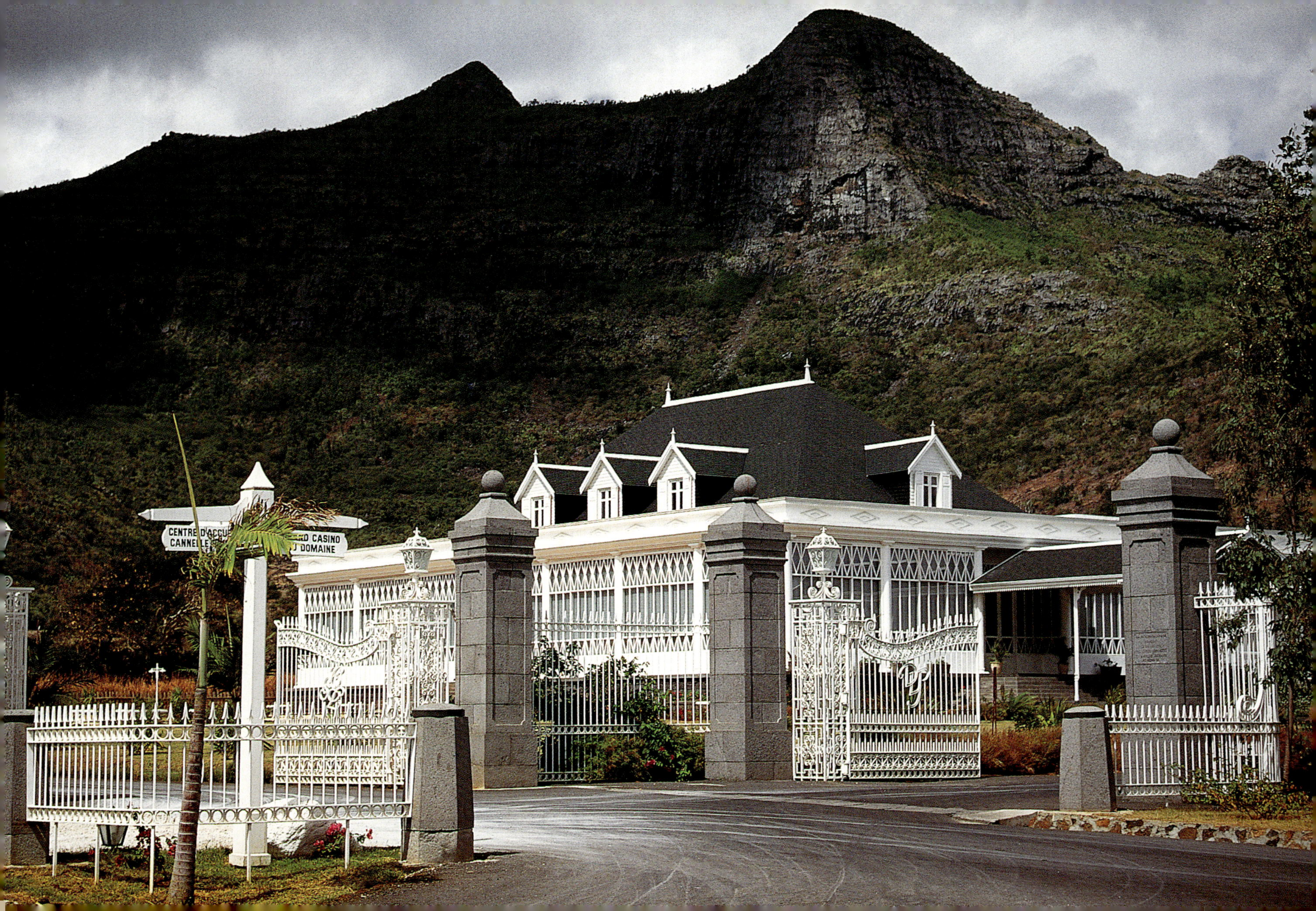
CENTRE
CASINO
DOMAINE

Domaines les Pailles (opposite, right and pages 72–73) brings to life the Mauritius of yesteryear with its horse-drawn carriages, sugar mill, distillery and restaurants serving traditional cuisine. Sugar cane fields cover more than 40 per cent of the island.

Domaines les Pailles (ci-contre, à droite et pages 72–73) permet d'imaginer la vie à Maurice dans le passé avec ses calèches, ses sucreries, ses distilleries et ses restaurants à la cuisine traditionnelle. Les plantations de canne à sucre couvrent plus de 40 pour cent de l'île.

Domaines les Pailles (umseitig, rechts und Seite 72–73) macht das Mauritius vergangener Zeiten lebendig mit Pferdekutschen, Zuckerrohrmühlen, Brennereien und Lokalen, die einheimische Gerichte servieren. Zuckerrohrplantagen erstrecken sich über 40% der Insel.

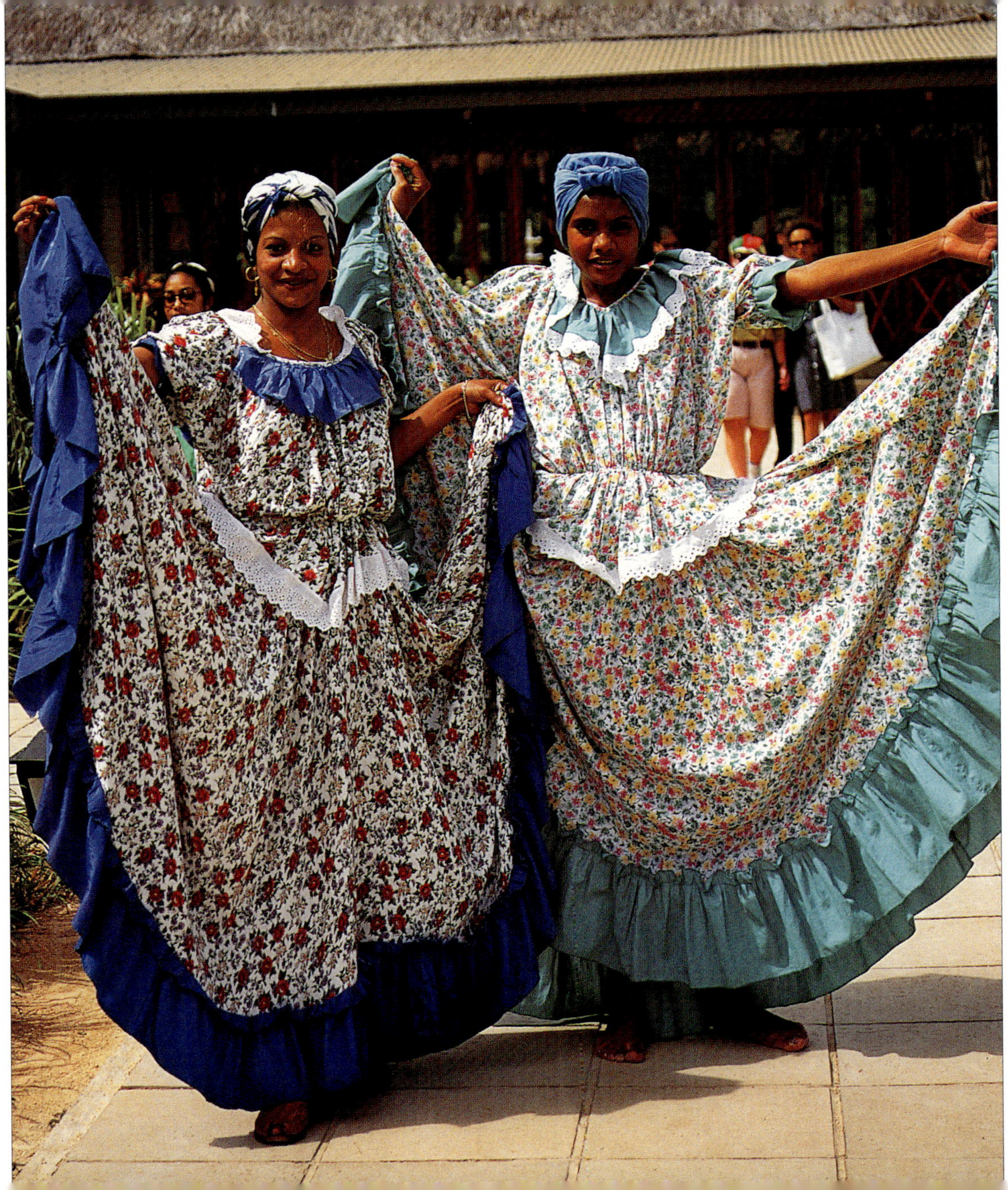

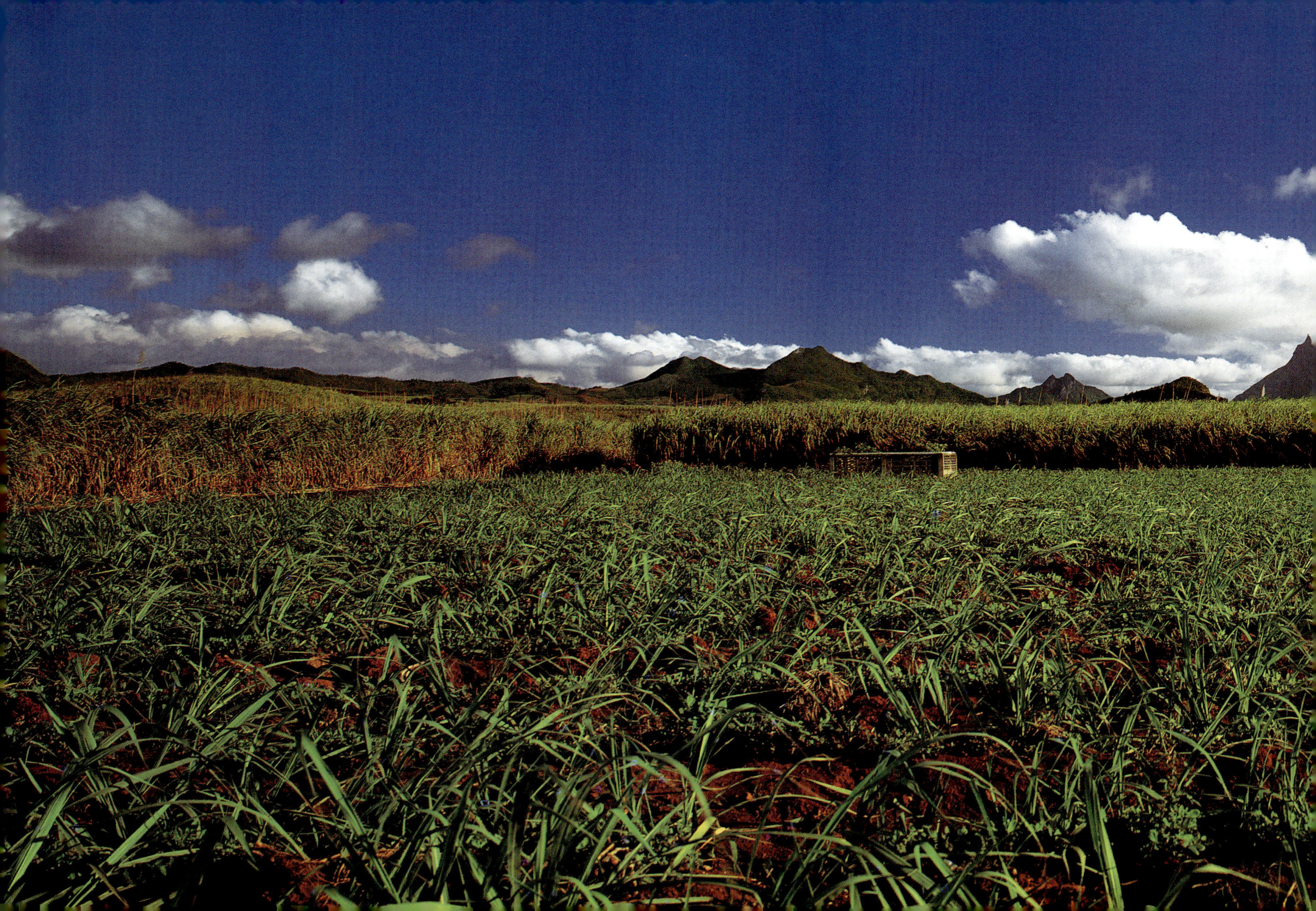

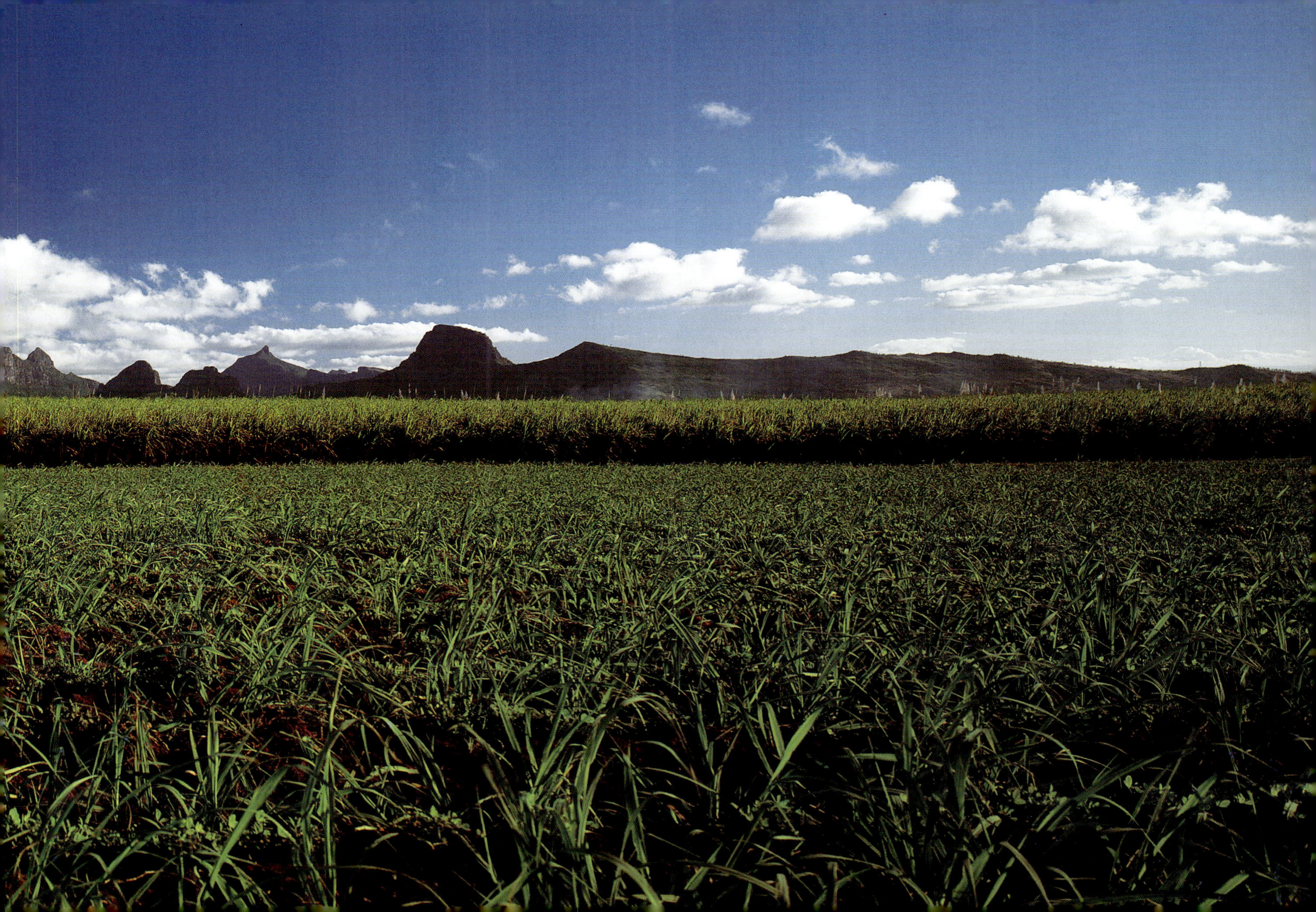

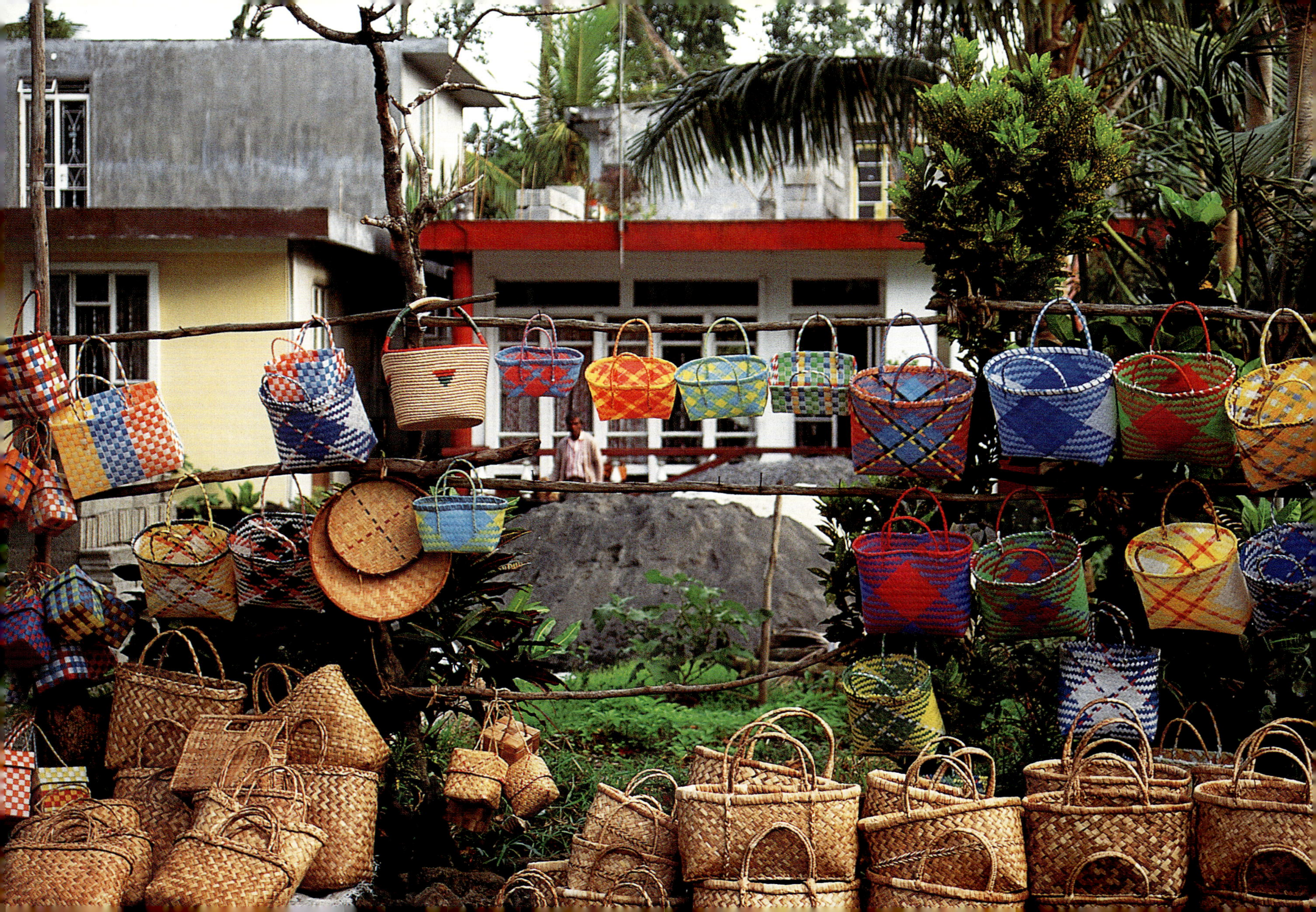

Many of the island's craft centres are found on the central plateau near Curepipe. Basketware (opposite) and handcrafted model ships (right) illustrate the Mauritians' depth of talent.

La plupart des centres artisanaux se trouvent sur le plateau central près de Curepipe. Les objets en vannerie (ci-contre) et les maquettes de bateau (à droite) témoignent du talent des Mauriciens.

Auf dem Zentralplateau bei Curepipe sind viele der Handwerke angesiedelt. Korbwaren (umseitig) und handgearbeitete Modellschiffe (rechts) beweisen das Talent der Mauritianer.

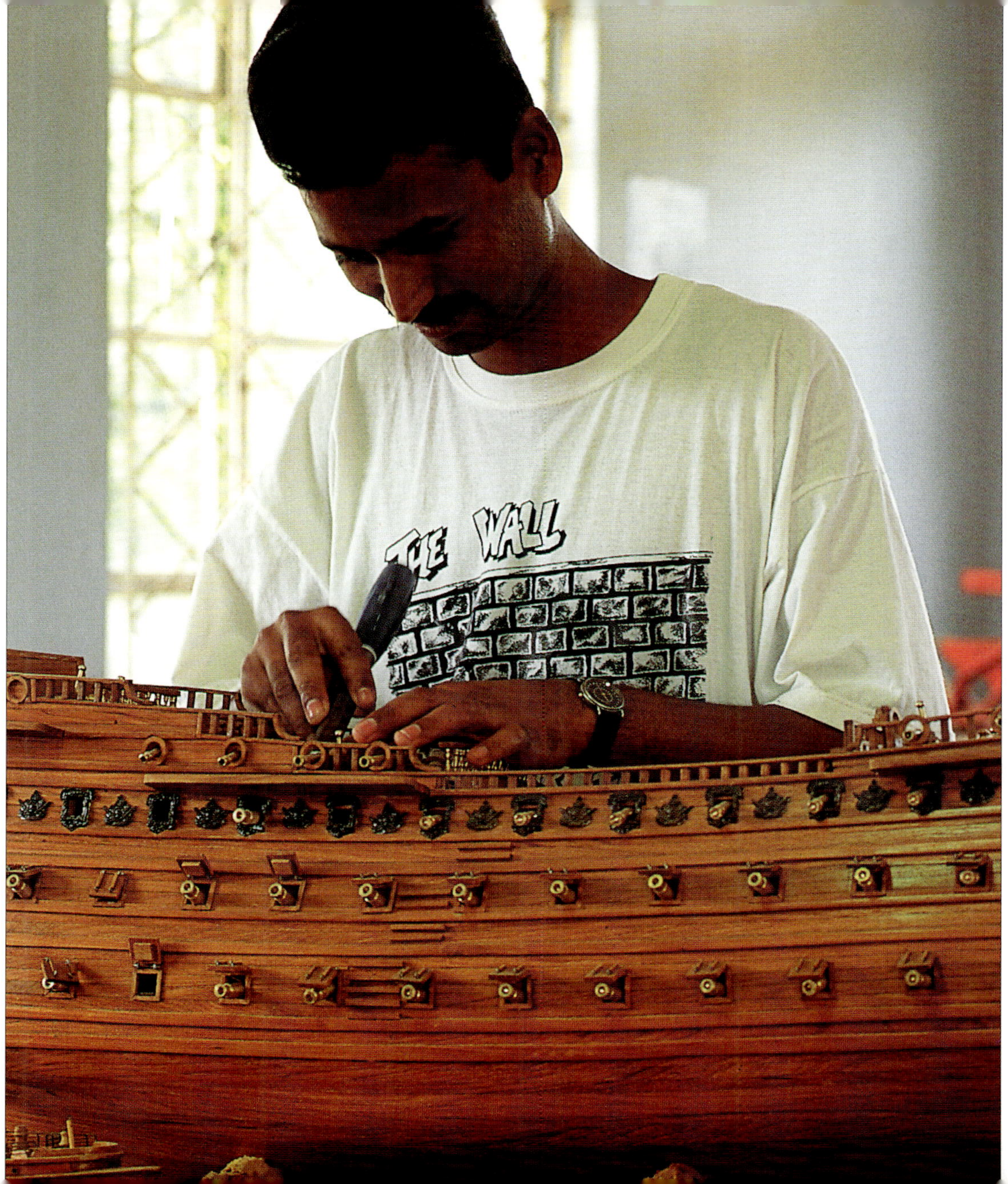

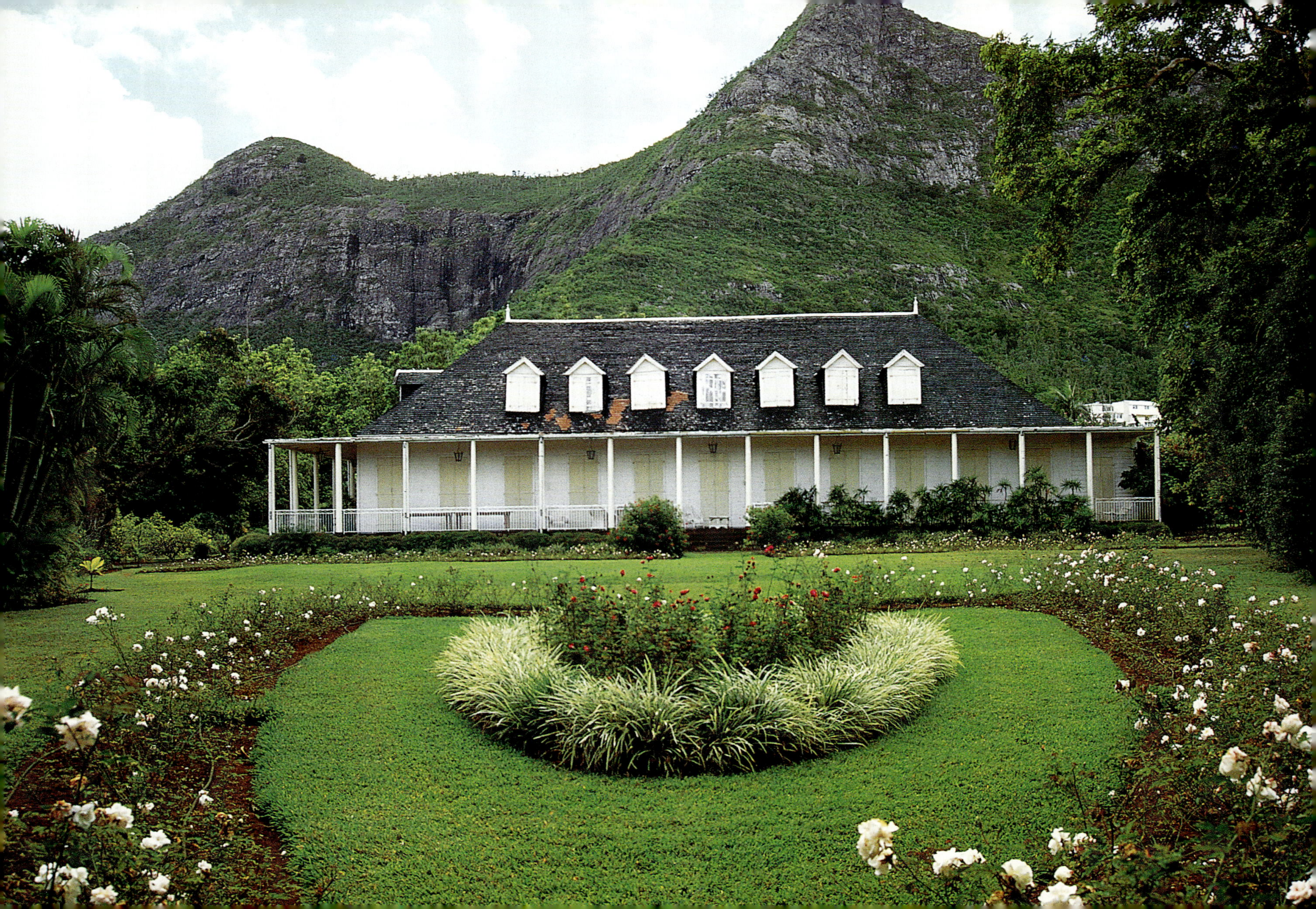

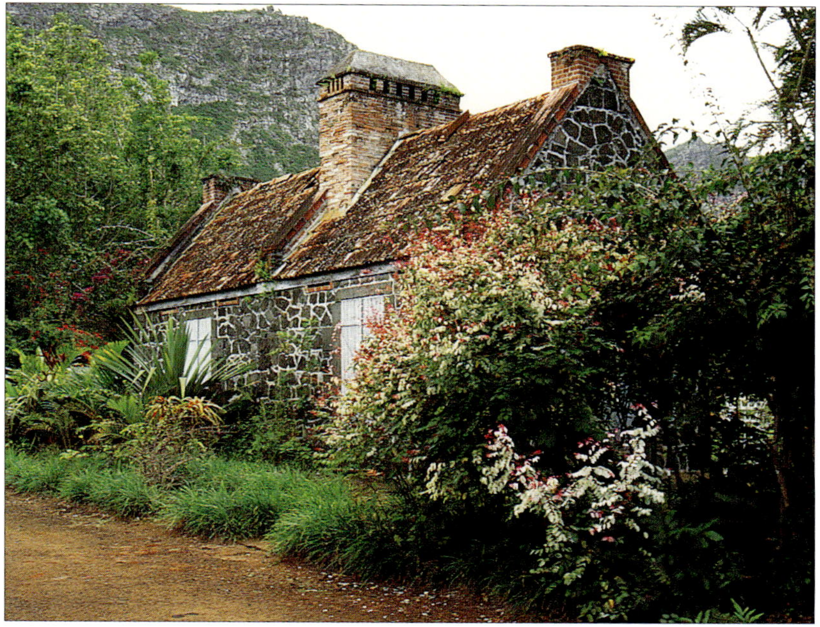

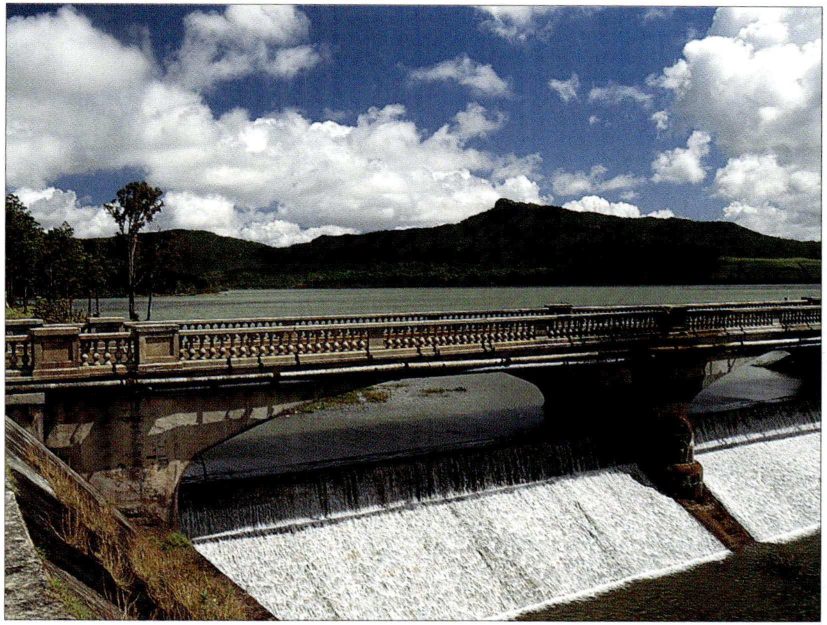

Eureka (opposite), an elegant Creole house built in the 1830s, is now an art gallery and museum. This quaint building (above) is on the estate.
The reservoir of La Nicolière (top right) near Villebague was constructed to irrigate the northern sugar plantations.

Eureka (ci-contre), une élégante demeure créole construite dans les années 1830, est de nos jours une galerie d'art et un musée. Cet insolite bâtiment (ci-dessus) est situé sur le domaine.
Le réservoir de La Nicolière (en haut à droite) près de Villebague a été créé pour l'irrigation des plantations de canne à sucre dans le nord.

Eureka (umseitig), ein elegantes Kreolenhaus von 1830, beherbergt heute eine Gemäldegalerie und ein Museum. Dieses malerische Gebäude (links) steht auf dem Anwesen.
Das Wasserservoire von La Nicolière (oben) bei Villebague wurde zur Bewässerung der nördlichen Zuckerrohrplantagen angelegt.

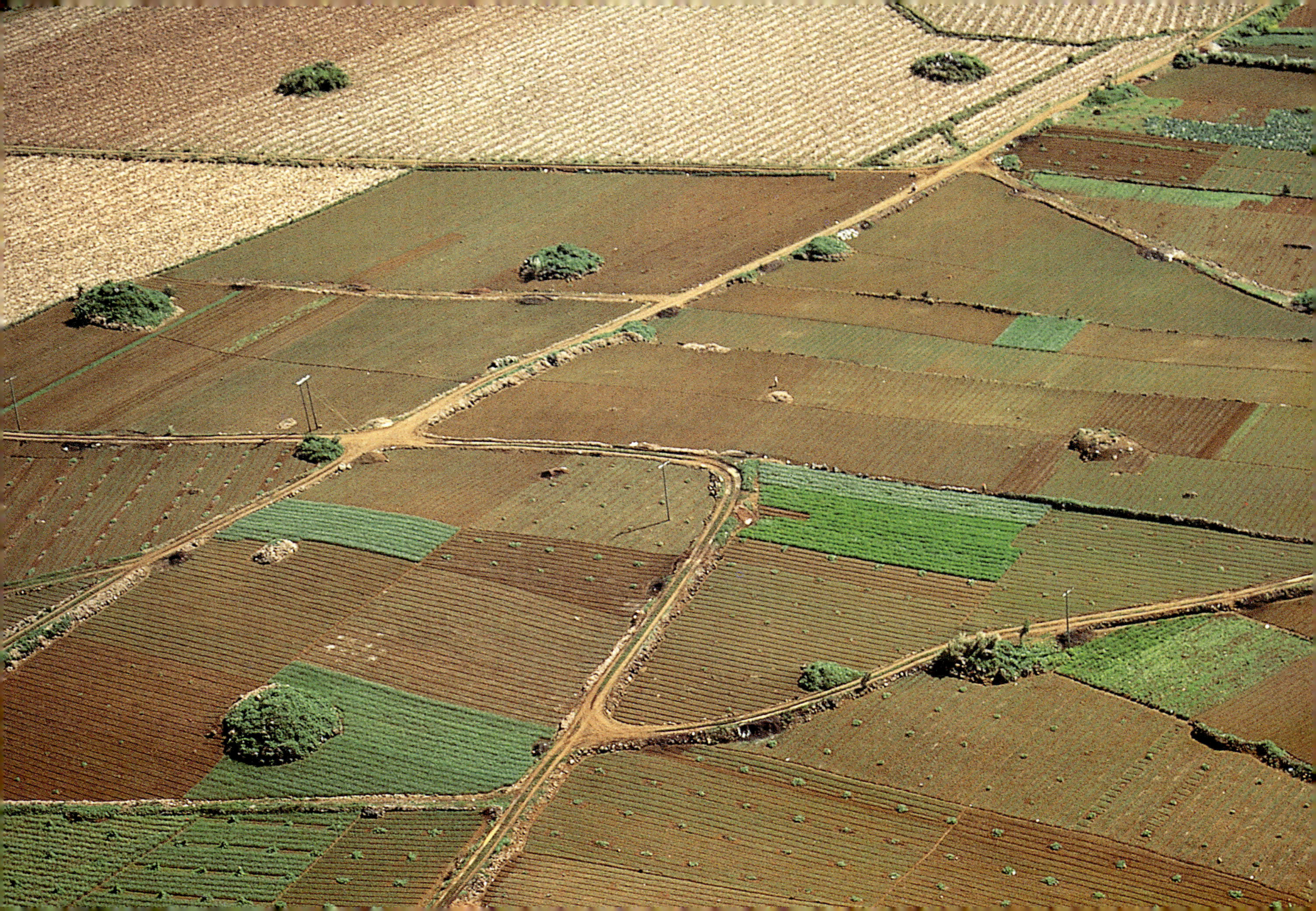

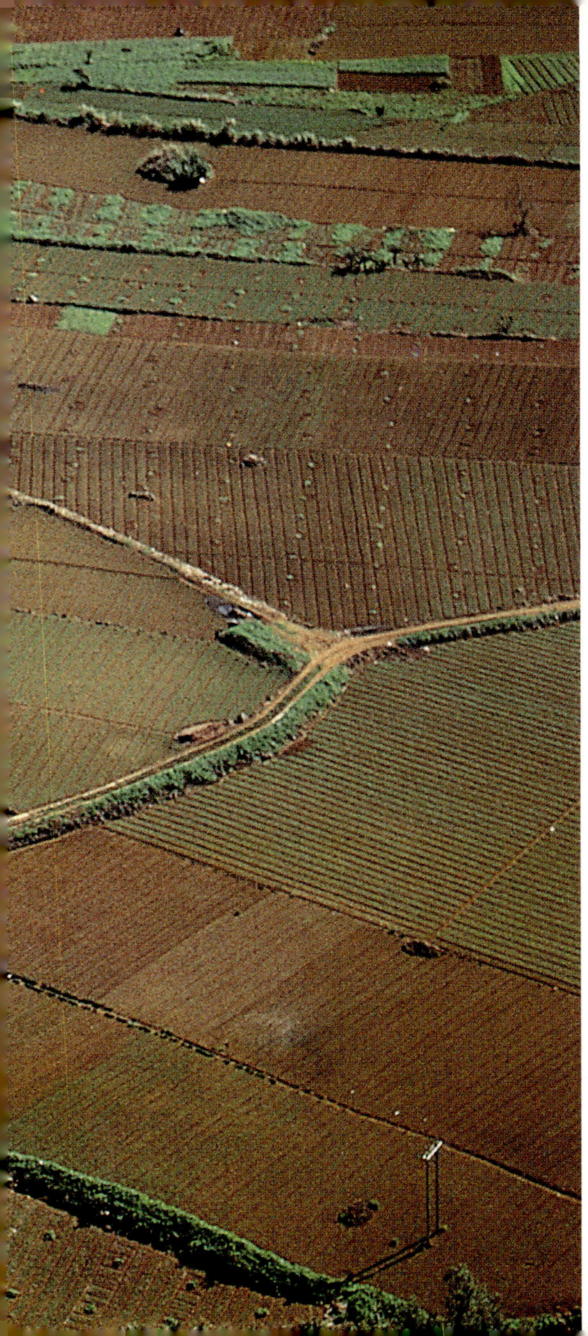

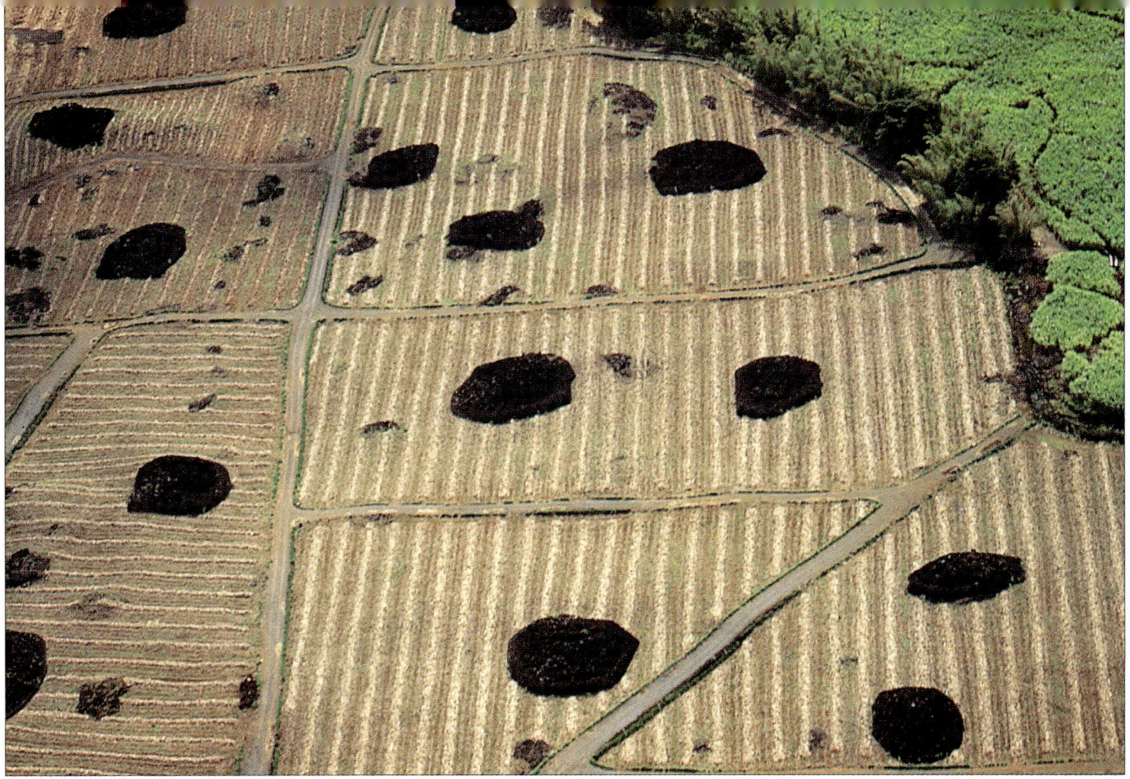

Sugar cane fields (left) near Curepipe. An unusual sight are the volcanic rocks amid these fields (above). The Royal Palm Hotel at Grand Baie (page 80). Endpapers: Flic en Flac.

Des plantations de canne à sucre (à gauche) près de Curepipe. Des roches volcaniques au milieu des champs (ci-dessus) sont une curiosité. L'hôtel Royal Palm à Grand Baie (page 80). Pages de titres: Flic en Flac.

Zuckerrohrplantagen (links) bei Curepipe. Ein ungewöhnlicher Anblick in diesen Feldern (oben) ist das vulkanische Gestein. Das Royal Palm Hotel in Grand Baie (Seite 80). Vorsatzblätter: Flic en Flac.

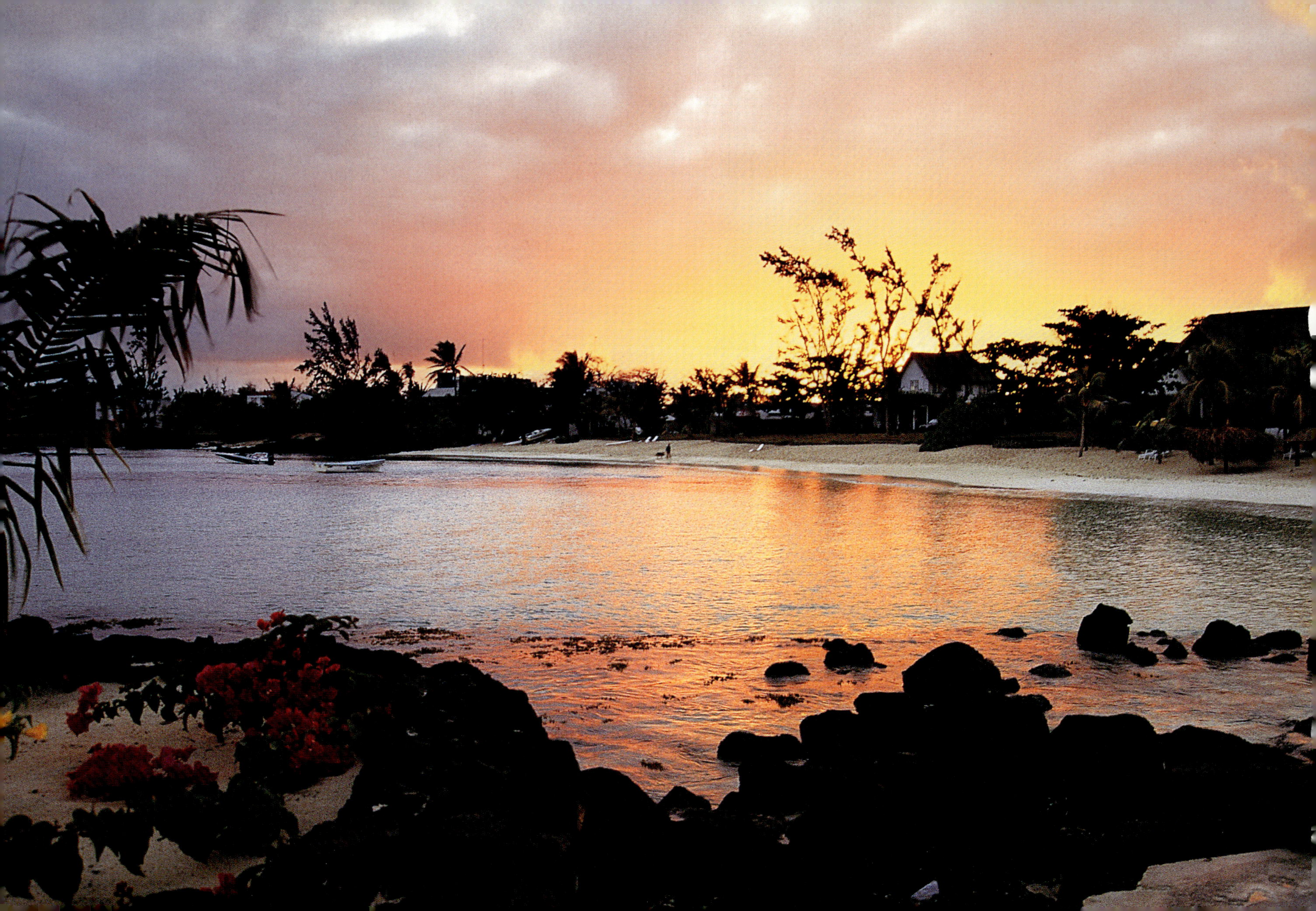

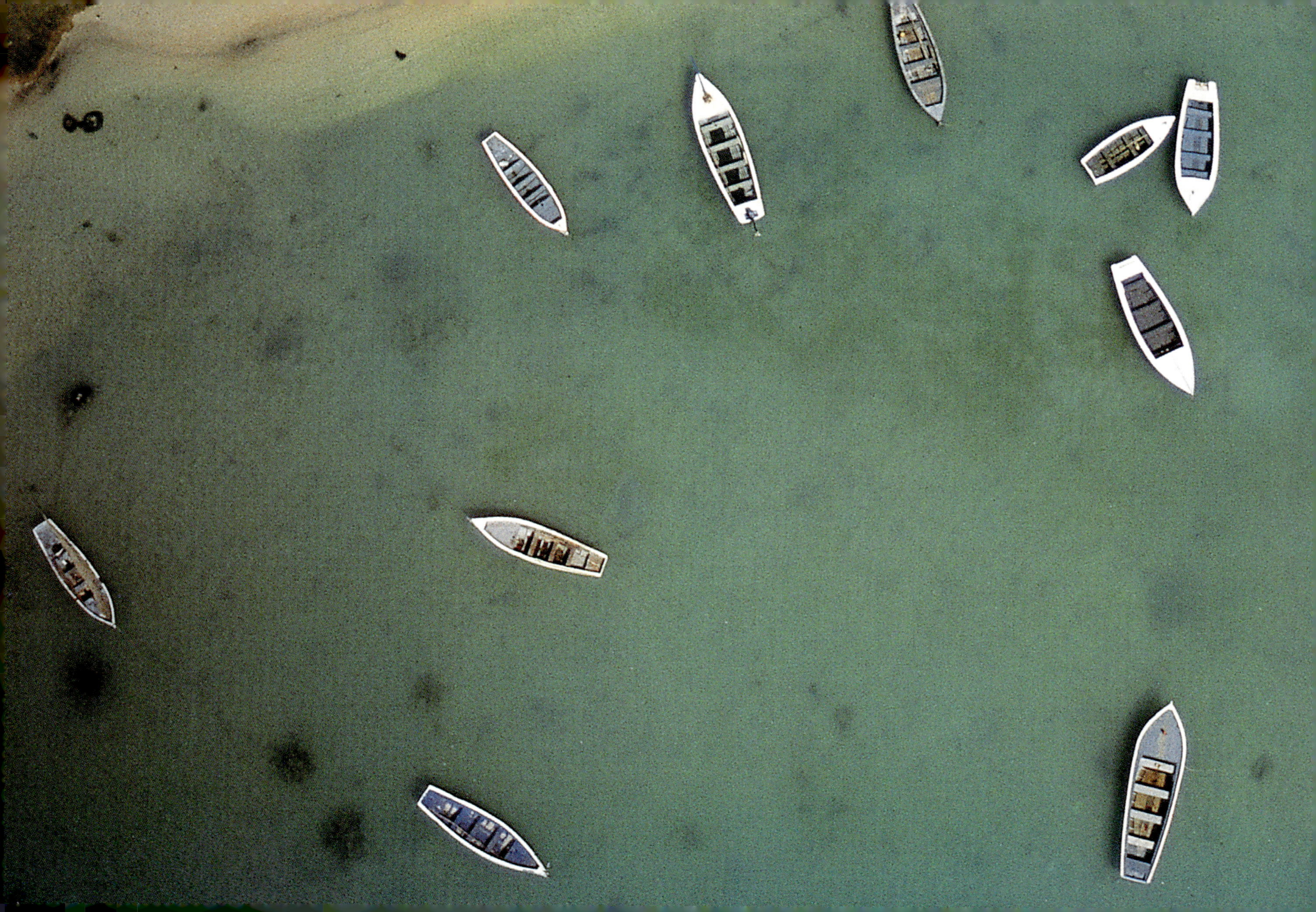